Heiner Bielefeldt

Auslaufmodell Menschenwürde?

Heiner Bielefeldt

Auslaufmodell Menschenwürde?

Warum sie in Frage steht und warum wir sie verteidigen müssen

HERDER

FREIBURG · BASEL · WIEN

www.herder.de

Satz: Barbara Herrmann, Freiburg
Herstellung: fgb · freiburger graphische betriebe
www.fgb.de

Gedruckt auf umweltfreundlichem, chlorfrei gebleichtem Papier
Printed in Germany

ISBN 978-3-451-32508-3

Inhalt

I. Fundamentalismusverdacht

1. Streitfragen

»Die Würde des Menschen *war* unantastbar«.[1] Unter diesem aufrüttelnden Titel veröffentlichte Bundesverfassungsrichter a. D. Ernst-Wolfgang Böckenförde vor einigen Jahren einen Zeitungsbeitrag, in dem er neuere Tendenzen der Verfassungsinterpretation einer scharfen Grundsatzkritik unterzog. Er warnte davor, den herausgehobenen Stellenwert der Menschenwürde – als Fundament der gesamten Rechtsordnung – juristisch einzuebnen und die Achtung der Würde kategorial zu einer positiven Rechtsnorm neben anderen Rechtsnormen herabzustufen.

Mit der Befürchtung, dass auf diese Weise die Menschenwürde relativiert werde und von ihrer »Unantastbarkeit« am Ende keine Rede mehr sein könne, steht Böckenförde dabei keineswegs allein. Andere finden hingegen, es sei höchste Zeit, den Begriff der Menschenwürde gleichsam juristisch zu »erden«, ihn aus der Sphäre eines metaphysischen Prinzips herunterzuholen und für die rechtliche Praxis besser handhabbar zu machen. Manche äußern darüber hinaus eine ganz grundlegende Skepsis und sprechen der Idee der Menschenwürde jeden rationalen Sinn ab. Die Berufung auf die Würde des Menschen diene erfahrungsgemäß meistens nur der rhetorischen Dramatisierung der je eigenen Position. In einer

---

1 Vgl. Ernst-Wolfgang Böckenförde, *Die Würde des Menschen war unantastbar*, in: Frankfurter Allgemeine Zeitung vom 3. September 2003, S. 33.

wissenschaftlichen Debatte – in Jurisprudenz, Ethik und praktischer Philosophie – solle man auf diesen Begriff daher am besten ganz verzichten.

Ausgerechnet um die Menschenwürde ist seit einigen Jahren eine Kontroverse entbrannt, die nicht nur in akademischen Publikationen und Konferenzen ausgetragen wird, sondern auch auf Politik und Gerichtsbarkeit durchschlagen kann. Dies ist deshalb bemerkenswert, weil die Rede von der Menschenwürde typischerweise auf Konsens zielt, ja Konsensfähigkeit unterstellt. Die Menschenwürde steht für das, was eigentlich fraglos »selbstverständlich« ist – oder es jedenfalls sein sollte. Wenn in einem Debattenkontext die Menschenwürde beschworen wird, wirkt das generell wie ein Signal dafür, dass es mit der üblichen Vielfalt der Meinungen schwieriger wird. Kontroversen, in denen die Würde des Menschen auf dem Spiel steht, lassen sich zumindest nicht mehr im Gestus gepflegter Distanz führen.

Bei aller Evidenz, die wir bei der Menschenwürde unterstellen, fällt es jedoch zugleich schwer, genauer anzugeben, was darunter zu verstehen ist. Dies gilt für die Grundsatzebene genauso wie für die konkrete normative Praxis. Handelt es sich bei der Menschenwürde um ein anthropologisches Merkmal, also eine Eigenschaft, von der wir annehmen, dass jeder Mensch sie als Bestandteil seiner natürlichen Ausstattung besitzt? Oder ist die Menschenwürde eher das Ergebnis einer gesellschaftlichen Übereinkunft? Hängt sie vielleicht auch mit Leistungen des Einzelnen zusammen, der seine Würde durch entsprechendes Verhalten steigern, behaupten, verlieren und im Grenzfall auch verwirken kann, oder gilt die Anerkennung der Menschenwürde unabhängig vom Handeln der jeweiligen Person? Verweist die Semantik der Unantastbarkeit auf einen Bereich des Sakrosankten, der sich allen rationalen Erörterungen entzieht? Hat die Menschenwürde somit vielleicht Züge eines Tabus, an das man nicht rühren darf? Oder manifestiert sich die Würde des Menschen gerade darin, dass er in seinem Drang nach Erkenntnis und Verstehen an keiner Grenze haltmacht und mit allen Tabus brechen kann? Fragen über Fragen, auf die höchst unterschiedliche Antworten gegeben werden.

Ähnliches gilt für die praktischen Konsequenzen, die aus dem Postulat der Menschenwürde zu ziehen sind. Folgt aus der Menschenwürde beispielsweise, dass man den Willen eines Menschen, seinem Leben ein Ende zu setzen, respektieren und möglicherweise sogar Assistenz bei der Selbsttötung zur Verfügung stellen soll? Oder verlangt es die Menschenwürde, einer Person auch dann in den Arm zu fallen, wenn diese offenbar genau weiß, was sie tut, und ihren Willen zu sterben eindeutig erklärt hat? Kommt auch dem vorgeburtlichen menschlichen Leben Würde zu, und wenn ja, ab welchem Zeitpunkt? Was folgt daraus für die Forschung an embryonalen Stammzellen oder die Präimplantationsdiagnostik? Wie soll ein menschenwürdiges Existenzminimum in unserer Gesellschaft bemessen werden? Wiederum gehen die Antworten auf solche Fragen in ganz unterschiedliche, oft entgegengesetzte Richtungen.

Der Begriff der Menschenwürde zeichnet sich anscheinend durch eine eigentümliche Verbindung von Evidenzanspruch und inhaltlicher Offenheit aus.[2] Dies macht

---

[2] Vgl. Wolfgang Vögele, *Die christliche Deutung der Menschenwürde im Kontext gegenwärtiger Debatten,* in: Christian Thies (Hg.), *Der Wert der Menschenwürde,* Paderborn 2009, S. 63–74, hier S. 63ff.

den Umgang mit ihm schwierig. Auf der einen Seite steht die Menschenwürde für eine letzte, existenzielle Gewissheit in normativen Fragen, und ihre Inanspruchnahme geht oft mit großen Emotionen einher. Wenn die Würde auf dem Spiel steht, geht es ums Ganze. Auf der anderen Seite ist es nicht leicht, genauer anzugeben, worin die Würde des Menschen inhaltlich denn eigentlich besteht und welche konkreten praktischen Konsequenzen aus ihrem Postulat zu ziehen sind. Außerdem suggeriert die Rede von der Menschenwürde eine Konsensfähigkeit, die sich im konkreten Fall jedoch oft genug als illusionär erweist. Führt die Unterstellung von Konsensfähigkeit vielleicht sogar dazu, dass sich bestehende Dissense eher verhärten, wenn der moralisch und weltanschaulich so hoch hängende Begriff der Würde ins Spiel kommt? Wirkt die Beschwörung der Menschenwürde nicht oft genug wie ein bloßes Ausrufezeichen, dem keine klare Aussage vorangeht und das deshalb eher der Dramatisierung als der Klärung kontroverser normativer Fragen dient? Wäre es dann aber nicht besser, den Begriff aus dem moralischen und rechtlichen Vokabular – zumindest aber aus dem wissenschaftlichen Vokabular – zu streichen?

Diese Konsequenz wird von einigen Autoren gefordert. *Illusion Menschenwürde* lautet der plakative Titel eines Buches von Franz Josef Wetz. Er verkündet darin »das Ende einer metajuristischen Pathosformel im Recht, welche die Interpreten in einem liberalen Gemeinwesen zwangsläufig in Aporien verstrickt«.[3] In einem Aufsatztitel bezeichnet er die Menschenwürde gar provokativ als

[3] Franz Josef Wetz, *Illusion Menschenwürde. Aufstieg und Fall eines Grundwerts,* Stuttgart 2005, S. 242.

»Opium fürs Volk«.[4] Dass die Formulierung an Lenins Religionskritik erinnert, ist kein Zufall. Ähnlich radikal äußert sich Malte Hossenfelder. Er nennt die Menschenwürde einen »windigen« Begriff, der außerdem noch »starke emotionale Konnotionen« aufweise und die rationale Auseinandersetzung daher nur belaste.[5] Solche Einwände sind nicht neu. Sie stehen in der Tradition Schopenhauers, der bereits den Verdacht formulierte, die Rede von der Menschenwürde sei »das Schiboleth aller rat- und gedankenlosen Moralisten, die ihren Mangel einer wirklichen, oder doch wenigstens irgendetwas sagenden Grundlage der Moral hinter jenen imponierenden Ausdruck ›Würde des Menschen‹ versteckten«.[6]

Die meisten kritischen Stimmen gehen so weit indessen nicht. Namentlich die Vertreterinnen und Vertreter der Jurisprudenz kommen in Deutschland nicht daran vorbei, dass die Menschenwürde im Grundgesetz als erste und oberste Norm festgeschrieben ist und damit zur positiven Rechtsordnung der Bundesrepublik Deutschland gehört. Mehr noch: Die Unantastbarkeit der Menschenwürde, deren Achtung und Schutz nach Art. 1 Abs. 1 GG »Verpflichtung aller staatlichen Gewalt« ist, kann auf legalem Wege nicht aufgehoben werden; sie ist nach Art. 79 Abs. 3

---

[4] Franz Josef Wetz, *Menschenwürde als Opium fürs Volk*, in: Matthias Kettner (Hg.), *Biomedizin und Menschenwürde*, Frankfurt a. M. 2004, S. 221–248.

[5] Vgl. Malte Hossenfelder, *Menschenwürde und Menschenrecht*, in: Emil Angehrn / Bernard Baertschi (Red.), *Menschenwürde.* Jahrbuch der Schweizerischen Philosophischen Gesellschaft 63 (2004), S. 17–33, hier S. 21 und 32.

[6] Arthur Schopenhauer, *Die beiden Grundprobleme der Ethik, behandelt in zwei akademischen Preisschriften*, 2., verbesserte und vermehrte Aufl., Leipzig 1860, S. 166.

GG der Verfügung des verfassungsändernden Gesetzgebers entzogen.[7] Gleichwohl gewinnt man den Eindruck, dass eine skeptische Haltung gegenüber der Idee der Menschenwürde in jüngerer Zeit auch in der deutschen Rechtswissenschaft an Boden gewonnen hat. Ein inhaltlich nicht leicht greifbares normatives Postulat, dem zugleich ein hohes Potenzial an gefühlsmäßiger Identifikation sowie ein alles überragender Stellenwert innerhalb der Verfassung und in der öffentlichen Debattenkultur zukommen, bereitet offenbar juristische Kopfschmerzen. Von daher erklärt sich das Interesse daran, den Begriff der Menschenwürde inhaltlich möglichst eng zu fassen und gewissermaßen positiv-rechtlich einzuhegen.

Vor allem Matthias Herdegen hat mit seiner Neu-Kommentierung von Art. 1 Abs. 1 in dem einflussreichen Grundgesetzkommentar »Maunz-Dürig« (zuerst erschienen 2003, Anfang 2005 noch einmal leicht modifiziert) den Versuch einer streng positivistischen Auslegung der Menschenwürde vorgelegt. Insbesondere an seiner Interpretation entzündete sich auch die eingangs genannte Kritik Böckenfördes.[8] Herdegen fasst die Menschenwürdegarantie des Grundgesetzes als eine Verfassungsnorm neben anderen Verfassungsnormen, die trotz mancher Besonderheiten juristisch wie andere hochrangige Rechtsnormen behandelt werden müsse.[9] Ausdrücklich bekennt

---

[7] Vgl. Christoph Enders, *Die Menschenwürde in der Verfassungsordnung. Zur Dogmatik des Art. 1 GG,* Tübingen 1997, S. 425ff.

[8] Vgl. auch Ernst-Wolfgang Böckenförde, *Bleibt die Menschenwürde unantastbar?,* in: Blätter für deutsche und internationale Politik 49 (2004), S. 1216–1227; Bernhard Kohl, *Menschenwürde: Relativierung oder notwendiger Wandel? Zur Interpretation in der gegenwärtigen Kommentierung von Art. 1 Abs. 1 GG,* Berlin 2007.

[9] Vgl. Matthias Herdegen, *Kommentierung zu Art. 1 Abs. 1 GG* (2005),

er sich zu »einer *restriktiven* Deutung, zur Beschränkung der inhaltlichen Konkretisierung auf einen engen Kern des personalen Achtungsanspruches«.[10] Zu den einflussreichen Befürwortern einer bewusst zurückhaltenden Interpretation der Menschenwürde zählt – mit etwas anderen Pointierungen – auch Horst Dreier, der sich in seiner Kommentierung dafür ausspricht, dass die Menschenwürde »nicht aus noch so ehrenwerten Motiven weit und umfassend verstanden wird, sondern – gerade auch um ihren exzeptionellen Status zu erhalten – eher restriktiv ausgelegt werden muss«.[11]

2. Fundamentalismusvorwürfe

In den skeptischen Äußerungen zur Menschenwürde aus Philosophie und Jurisprudenz meldet sich oft eine Art Fundamentalismusverdacht. Nicht immer ist klar, ob dieser Verdacht sich gegen den Begriff der Menschenwürde als solchen richtet oder eher auf seine unreflektierte, nicht selten inflationäre oder vielleicht sogar missbräuchliche Verwendung in der öffentlichen Debatte zielt. Der Fundamentalismusverdacht kann sich auf unterschiedliche Phänomene beziehen, nämlich (1) einen

---

Rdnr. 17, in: *GG-Kommentar*, hg. von Theodor Maunz, Günter Dürig u. a., München fortlaufend: »Für die staatsrechtliche Betrachtung sind demnach allein die (unantastbare) Verankerung im Verfassungstext und die Exegese der Menschenwürde als *Begriff des positiven Rechts* maßgeblich« (Hervorhebung im Original).

[10] Herdegen (wie Anm. 9), Rdnr. 41 (Hervorhebung im Original).

[11] Horst Dreier, *Kommentar zu Art. 1 Abs. 1*, Rdnr. 41, in: *GG-Kommentar*, hg. von Horst Dreier, Tübingen 2004.

argumentativen, (2) einen moralischen und (3) einen religiös-weltanschaulichen Fundamentalismus.

(1) Der Einwand des argumentativen Fundamentalismus speist sich aus der Erfahrung, dass die Beschwörung der Menschenwürde manchmal in diskursive Blockaden mündet. Wenn die Menschenwürde ins Feld geführt wird, so mag es oft genug scheinen, wird die Debatte schwieriger. An die Stelle von Argumenten treten dann womöglich Skandalisierungen oder auch höchstpersönliche Bekenntnisse, über die man sich erfahrungsgemäß nicht leicht verständigen kann. Nach Einschätzung des Bioethikers Dieter Birnbacher fungiert der Begriff der Menschenwürde in diesem Sinne regelrecht »als ›conversation stopper‹, der eine Frage ein für allemal entscheidet und keine weitere Diskussion duldet«.[12] Insofern verberge sich hinter der Rhetorik der Würde nicht selten ein autoritärer Reflex. Ähnlich äußert sich Hossenfelder, der den Rückgriff auf die Menschenwürde als argumentative Hilflosigkeit und Beliebigkeit entlarven will. Vor allem die Gegner bestimmter biotechnologischer Forschungsrichtungen setzten die Würde gern als einen »Rettungsanker« ein, »um ihre Argumentationsnot zu überwinden«.[13]

Vergleichbare Einschätzungen kommen auch in der juristischen Diskussion zu Wort. Insbesondere die Vertreter einer restriktiven Interpretation von Art. 1 Abs. 1 sehen sich von der Befürchtung motiviert, das grundgesetzliche Postulat der Menschenwürde sei ein mögliches »*Einfalls-*

---

12 Dieter Birnbacher, *Mehrdeutigkeiten im Begriff der Menschenwürde,* in: *Aufklärung und Kritik* 2 (1995), Sonderheft 1, S. 4–13, hier S. 4.

13 Hossenfelder (wie Anm. 5), S. 17.

tor für bestimmte *Partikularethiken*« in das Verfassungsrecht, wie Dreier es formuliert.[14] Die rational-diskursive Erörterung verfassungsrechtlicher Probleme drohe durch einen emotional aufgeladenen Kampf um letzte Werte blockiert zu werden. Auch Herdegen wendet sich kritisch gegen das »Hohepriestertum« einer »höchstpersönlichen Ethik«,[15] das in der Verfassungsinterpretation nichts zu suchen habe. Andernfalls bestehe die Gefahr, dass die Rechtsordnung insgesamt an Transparenz, Klarheit und Rationalität einbüßen werde.

(2) Über den Verdacht eines argumentativen Fundamentalismus hinaus gibt es den Vorwurf des moralischen Fundamentalismus. Wer die Würde im Munde führe, wolle oft genug andere moralisch bevormunden oder der Gesellschaft insgesamt bestimmte Verhaltensstandards aufoktroyieren. Die verfassungsmäßig garantierten Freiheitsrechte drohten somit langfristig unter eine Art Würdevorbehalt zu geraten. Im Ergebnis dürften sich dann womöglich nur noch diejenigen auf ihre grundrechtlich verbrieften Freiheitsrechte berufen, die einen (wie immer im Einzelnen zu verstehenden) »würdigen« Gebrauch davon machten. Ulfried Neumann malt sogar die Gefahr einer »Tyrannei der Würde« an die Wand.[16] Ähnliche Bedenken äußert Horst Dreier. Als Beleg dafür, dass die Rhetorik der Würde, vor allem wenn sie mit großem moralischem Pathos durchsetzt ist,

---

[14] Dreier (wie Anm. 11), Rdnr. 49 (Hervorhebung im Original).

[15] Herdegen (wie Anm. 9), Rdnr. 17.

[16] Ulfried Neumann, *Die Tyrannei der Würde. Argumentationstheoretische Erwägungen zum Menschenwürdeprinzip,* in: Archiv für Rechts- und Sozialphilosophie 84 (1998), S. 153–166.

durchaus zur Rechtfertigung antiliberaler Politik dienen könne, nennt er das Franco-Regime, das die Menschenwürde ständig im Wappen geführt habe; es sei »geradezu würdefixiert« gewesen.[17]

Die Befürchtungen, die sich an den Vorwurf des moralischen Fundamentalismus heften, gehen im Einzelnen in unterschiedliche Richtungen. Während die einen den mit der Menschenwürde begründeten gesetzlichen Embryonenschutz als eine unverhältnismäßige Einschränkung der Forschungsfreiheit beklagen,[18] warnen andere vor einem Klima der »political correctness«, in dem allerlei Empfindlichkeiten herangezüchtet würden, die Gift für eine liberale Debattenkultur seien.[19] Wieder andere sehen die allgemeine Handlungsfreiheit in Gefahr und führen als Menetekel die »Peepshow-Urteile« des Bundesverwaltungsgerichts an. Das Gericht hatte darin »Peepshows« für verfassungswidrig erklärt, weil sie gegen die Würde der sich zur Schau stellenden Frauen verstießen – und zwar auch dann, wenn die Betroffenen sich aus freien Stücken für diese Tätigkeit entschieden hätten.[20] Kritiker dieser Rechtsprechung sehen darin ein Beispiel dafür, dass Menschen unter Berufung auf die

---

[17] Dreier (wie Anm. 11), Rdnr. 19.

[18] Vgl. Dreier (wie Anm. 11), Rdnr. 77ff.; 105; Eric Hilgendorf, *Die missbrauchte Menschenwürde. Probleme des Menschenwürdetopos am Beispiel der bioethischen Diskussion,* in: Jahrbuch für Recht und Ethik 7 (1999), S. 137–158; Friedhelm Hufen, *Erosion der Menschenwürde?,* in: Juristenzeitung 59 (2004), S. 313–318, hier S. 313.

[19] Vgl. Paul Cliteur, *Voltairian Tolerance,* in: Netherlands Ministry of the Interior and Kingdom Relations (Hg.), *Report of the International Conference on Fundamental Rights in a Pluralistic Society,* Den Haag 2004, S. 65–69.

[20] Vgl. BVerwGE 49, 160ff.; 64, 274ff.

Menschenwürde von Staats wegen moralisch bevormundet würden.[21]

(3) Der Fundamentalismusverdacht kulminiert gelegentlich in der Befürchtung, der Verfassungskonsens der pluralistischen Gesellschaft werde durch den klangvollen Begriff der Menschenwürde, in dem viele das Echo der christlichen Tradition hören,[22] weltanschaulich überfordert. Die religiös-weltanschauliche Neutralität des Staates, so der Einwand, werde im Falle der Menschenwürde systemfremd durchbrochen – nämlich zugunsten eines *religiösen oder zumindest zivilreligiösen Bekenntnisses*, das in der modernen Gesellschaft prinzipiell niemanden mehr von Staats wegen zugemutet werden dürfe. Erweist sich der moderne Verassungsstaat – allen Bekundungen religiös-weltanschaulicher Neutralität des Staates zum Trotz – somit letztlich als Fortsetzung vormoderner Konfessionsstaatlichkeit mit anderen Mitteln? Wie aber passt dies zum Selbstverständnis einer pluralistischen Gesellschaft, in der es um der Freiheit aller willen eigentlich keine Staatsreligion und keinen staatlichen Bekenntniszwang geben darf?

Schon seit Längerem vertritt Norbert Hoerster die Position, bei der Menschenwürde handele es sich um einen Begriff, der »dazu herhalten muss, den normativen Konsequenzen eines stillschweigend vorausgesetzten religiösen Menschenbildes eine scheinbare säkulare Legiti-

---

[21] Vgl. Dreier (wie Anm. 11), Rdnr. 152; Hufen (wie Anm. 18), S. 313.

[22] Vgl. Susanne Baer, *Menschenwürde zwischen Recht, Prinzip und Referenz. Die Bedeutung von Enttabuisierungen*, in: Deutsche Zeitschrift für Philosophie 2005, S. 571–588, hier S. 574.

mation zu geben«.[23] Franz-Josef Wetz steht ebenfalls für die Ansicht, dass hinter dem grundgesetzlichen Postulat der unantastbaren Menschenwürde eine krypto-religiöse Zumutung stecke, die längst anachronistisch geworden sei. Ihm hat sich kürzlich auch Stefan Lorenz Sorgner angeschlossen, der die Bindung des Grundgesetzes an die Menschenwürde für nicht mehr zeitgemäß und letztlich demokratiewidrig hält.[24] Denn damit werde die säkulare Verfassungsordnung ideologisch überfrachtet und auf Dauer delegitimiert. Wer die Verfassungsordnung auf ein verbindliches Bekenntnis zur Menschenwürde meint gründen zu können, so auch Wetz, stabilisiere den Verfassungskonsens daher nicht etwa, sondern trage ungewollt zu seiner langfristigen Destabilisierung bei.[25]

3. Notwendige Klärungen

Nach dem Durchgang durch die verschiedenen Einwände drängt sich die Frage auf, ob Schopenhauer vielleicht doch Recht hatte mit seiner Grundsatzkritik, dass die allfällige Rede von der Menschenwürde letztlich nur Ausdruck von Verlegenheit sei. Wäre es dann aber nicht besser, auf diesen so schwer zu fassenden und zugleich affektiv aufgeladenen Begriff in ernsthaften Debatten zu verzichten oder, sofern dies aus verfassungsrechtlichen

---

[23] Norbert Hoerster, *Abtreibung im säkularen Staat. Argumente gegen den § 218*, Frankfurt a. M. 1991, S. 121.

[24] Vgl. Stefan Lorenz Sorgner, *Menschenwürde nach Nietzsche. Die Geschichte eines Begriffs*, Darmstadt 2010, S. 260ff.

[25] Vgl. z. B. Wetz, *Illusion Menschenwürde* (wie Anm. 3), S. 127ff.

Gründen nicht möglich ist, ihn wenigstens durch restriktive Auslegung positiv-rechtlich zu domestizieren?

In meinen nachfolgenden Überlegungen gehe ich von der Annahme aus, dass die Idee der Menschenwürde bei allen Interpretationsschwierigkeiten, die sie zweifellos aufwirft, für die Beschäftigung mit Grundfragen von Moral und Recht unverzichtbar bleibt. Sie richtet sich an das Selbstverständnis des Menschen als Verantwortungssubjekt, hat Appellfunktion, eröffnet Identifikationsoptionen, kann mobilisieren, ja in der Tat auch emotionalisieren.[26] In ihrer grundlegenden Funktion für alle Bereiche des Normativen ist die Würde begrifflich offenbar nicht leicht fassbar. Gleichwohl gibt es Kerngehalte, die sich aus dem weiten semantischen Feld herausschälen und diskursiv klären lassen. Nicht weniger wichtig als die kognitive ist die affektive Dimension der Menschenwürde, nämlich die Komponente existenzieller Ansprache, die sich mit ihr verknüpft. Die Eliminierung der Idee der Menschenwürde aus unserem normativen Vokabular, wenn sie denn möglich wäre, würde nicht nur eine Lücke aufreißen; sie würde den Weg zu einem angemessenen Verständnis von Moral und Recht verbauen.

Offensichtlich bedarf der Begriff der Menschenwürde einer Klärung. Andernfalls drohen endlose Missverständnisse, Beliebigkeit oder gar Autoritarismus. Der Verdacht, hinter dem Rekurs auf die Menschenwürde verberge sich oft genug die eine oder andere Variante von Fundamentalismus, ist ja nicht aus der Luft gegriffen. Wer hat nicht schon erlebt, dass sich ein Gesprächs-

---

[26] Vgl. Hans Joas, *Braucht der Mensch Religion? Über Erfahrungen der Selbsttranszendenz*, Freiburg i. Br. ^{2}2004, S. 141f.

partner unter Beschwörung höherer Werte gegen vernünftige Argumente abschottet oder mit moralischem Pathos jede Debatte erstickt? Auch unter dem Banner der Menschenwürde lässt sich erfahrungsgemäß jene aggressiv-moralisierende Empörungslust mobilisieren, die Nietzsche als das Giftauge des Ressentiments beschrieben hat.[27]

Und doch kann selbst in der fundamentalistischen Verzerrung der Rede von der Menschenwürde ein Stück Wahrheit stecken. Dass moralische und rechtliche Fragen, zumindest wenn Grundlegendes auf dem Spiel steht, Gefühle auf den Plan rufen, ist unvermeidlich, mehr noch: Es ist angemessen. Wer über Folter oder Rassismus emotionsfrei spricht, weiß nicht, worum es geht, und hat keinen Zugang zur Sache. Die Verkehrung entsteht erst dann, wenn Emotionen an die Stelle von Argumenten treten, wenn geschürte Empörung eine sorgfältige und faire Sachprüfung ersetzen soll oder wenn alternative Einschätzungen und Bewertungen durch Skandalisierung ausgegrenzt werden. Noch in der Zerrform moralischer Bevormundung zeigt sich außerdem der unverzichtbar appellative Charakter jeder Rede von der Menschenwürde. Das Bewusstsein der Menschenwürde lässt sich nicht solipsistisch in ein bloß *Selbst*bewusstsein einsperren, sondern drängt nach außen und will Einfluss nehmen auf andere und mit anderen. Und schließlich birgt selbst die problematische Gleichsetzung der Menschenwürde mit einem weltanschaulich kompakten Menschenbild – zum Beispiel mit einem christlichen Menschenbild – insofern eine Wahrheit, als das Bewusstsein der Würde da-

[27] Vgl. Friedrich Nietzsche, *Zur Genealogie der Moral*, Stuttgart 1976.

nach drängt, in einem umfassenderen, »ganzheitlichen« Sinne ausgelegt zu werden. Dafür bieten sich die Religionen oder auch nicht-religiöse Weltanschauungen an. Der Begriff der Menschenwürde ist, obwohl er als säkularer Begriff nicht von einer bestimmten Religion oder Weltanschauung abhängt, sondern auf eigenen Füßen steht, zugleich gewissermaßen religionsaffin. Daraus entstehen manche Verwirrungen, die immer wieder aufs Neue aufgelöst werden müssen.

Der in diesem Buch angestrebte Klärungsprozess geschieht in mehreren Schritten. In den folgenden beiden Kapiteln geht es zunächst um eine inhaltliche Bestimmung der Menschenwürde: um die axiomatische Respektsposition, die dem Menschen als Verantwortungssubjekt zukommt (Kap. II), sowie um die wesentliche Gleichheit aller Menschen hinsichtlich ihrer Würde (Kap. III). Daran schließen sich Überlegungen zur Art des Geltungsanspruchs an, der im Namen der Menschenwürde vorgebracht wird (Kap. IV). Sodann soll die fundierende Rolle der Menschenwürde für die Menschenrechte – für das Verständnis ihrer Universalität, ihrer emanzipatorischen Ausrichtung und ihrer Unveräußerlichkeit – herausgearbeitet werden (Kap. V). Abschließend geht es um die Möglichkeit, die Idee der Menschenwürde unter Wahrung ihrer säkularen Eigenständigkeit, in der sie als Referenznorm im modernen Rechtskontext begegnet, doch zugleich auch religiös zu interpretieren (Kap. VI). Die Überlegungen werden schließlich durch ein kurzes Schlusswort abgerundet (Kap. VII).

II. »Angeborene« elementare Statusposition

1. Zugänge: Religion, Kultur, Recht, Philosophie

Wie kann ein sinnvoller Einstieg in die Klärung des Konzepts der Menschenwürde aussehen? Wo soll man ansetzen: bei mehr oder weniger unreflektierten Vorverständnissen, wie sie sich in der alltäglichen Rede von der Würde zeigen, bei einem »Menschenbild des Grundgesetzes«, wie es vom Bundesverfassungsgericht konstruiert worden ist, bei kulturprägenden religiösen beziehungsweise philosophischen Überlieferungen oder beim Wortlaut international verbindlicher Menschenrechtsdokumente? Die genannten Alternativen schließen einander nicht unbedingt aus. Sie stehen aber für ganz unterschiedliche Ebenen im Verständnis der Menschenwürde, die, wenn nicht heillose Verwirrung herrschen soll, nicht alle gleichzeitig angesprochen werden können.

Viele Ausführungen zur Menschenwürde setzen bei einem bestimmten »Menschenbild« ein, dem ein autoritativer oder identitätsstiftender Charakter innerhalb unserer kulturellen Überlieferung zugeschrieben wird. Insbesondere gilt dies für die Auszeichnung des Menschen als »Ebenbild und Gleichnis Gottes«, wie sie im priesterschriftlichen Schöpfungsbericht zu Beginn des Buches Genesis verkündet wird.[28] Die Gottesebenbildlichkeit, im Alten

---

[28] Vgl. Genesis, 1,26f. Vgl. dazu Claus Westermann, *Das Alte Testament und die Menschenrechte*, in: Jörg Baur (Hg.), *Zum Thema Men-*

Orient ansonsten als Hoheitstitel dem König vorbehalten, kommt laut der Genesis dem Menschen an sich zu, und zwar ausdrücklich Mann und Frau gleichermaßen.[29] Daraus resultiert die Sonderstellung des Menschen in der Schöpfung. Während er sich nach dem göttlichen Gestaltungsauftrag »die Erde untertan« machen soll,[30] bleibt ihm die letzte Verfügungsgewalt über seine Mitmenschen versagt. Die Tötung eines unschuldigen Menschen muss, wie es in Kapitel 9 der Genesis heißt, als kapitales Verbrechen angesehen werden, eben weil der Mensch als Ebenbild Gottes geschaffen ist.[31]

Das Bewusstsein dafür, dass der Mensch eine herausragende Stellung in der Schöpfung innehat, begegnet auch in anderen Büchern der hebräischen Bibel. Im achten Psalm verbindet es sich in paradoxer Weise mit einem Gefühl der Verlorenheit, das den Psalmisten angesichts der Weite des Firmaments überfällt. Nach seinem Loblied auf die Schönheit des Himmels richtet sich der Sänger verwundert, ja zweifelnd an den Schöpfer: »Was ist der Mensch, dass du seiner gedenkst, und des Menschen Sohn, dass du dich seiner annimmst? [...] Du hast ihm Macht gegeben über das Werk deiner Hände, alles hast du unter seine Füße gestellt [...]«.[32] Die ambivalente Stimmungslage im achten Psalm erinnert an Kants Beobachtung, dass »der bestirnte Himmel über mir und das

---

schenrechte. Theologische Versuche und Entwürfe, Stuttgart 1977, S. 5–18.

29 Vgl. Genesis 1,27.

30 Genesis 1,28.

31 Vgl. Genesis 9,6.

32 Psalm 8,5.7.

moralische Gesetz in mir«[33] zwiespältige Gefühle auslösen können, wenn der Mensch dadurch gleichzeitig der eigenen Bedeutungslosigkeit im Gesamt des Kosmos und seiner einzigartigen Position als Verantwortungswesen innewird.

Die Gottesebenbildlichkeit, aus der hebräischen Bibel in die christliche Theologie übernommen, bildet den Hintergrund auch für die Schrift *De hominis dignitate* des Renaissancephilosophen Pico della Mirandola, die vielfach als hymnischer Auftakt zum neuzeitlichen, nun dezidiert freiheitlichen Verständnis der Menschenwürde bezeichnet worden ist. Pico fasst den göttlichen Zuspruch der Würde und freien Selbstbestimmung an Adam in folgende Worte: »Wir haben dir keinen festen Wohnsitz gegeben, Adam, kein eigenes Aussehen noch irgendeine besondere Gabe, damit du den Wohnsitz, das Aussehen und die Gaben, die du selbst dir ausersiehst, entsprechend deinem Wunsch und Entschluss habest und besitzest. Die Natur der übrigen Geschöpfe ist fest bestimmt und wird innerhalb von uns vorgeschriebener Gesetze begrenzt. Du sollst dir deine ohne jede Einschränkung und Enge, nach deinem Ermessen, dem ich dich anvertraut habe, selbst bestimmen.«[34]

Die Vorstellung, dass die Würde des Menschen in seiner Auszeichnung als *imago Dei* besteht, hat Bedeutung nicht nur für die gläubigen Anhänger der biblischen Religionen. Sie ist für die europäische – und vielfach auch für die außereuropäische – Geistes- und Kulturgeschichte insgesamt prägend geworden und entfaltet auch über

---

[33] Immanuel Kant, *Kritik der praktischen Vernunft*, Akademie-Ausgabe Bd. V, S. 161 (A 288).

[34] Giovanni Pico della Mirandola, *De hominis dignitate – Über die Würde des Menschen*, Hamburg 1988, S. 7.

den Kreis gläubiger Juden und Christen hinaus bis heute für viele Menschen eine identitätsstiftende Kraft. Es ist deshalb undenkbar, in einer Abhandlung zum Thema Menschenwürde nicht über die Idee der Gottesebenbildlichkeit zu sprechen.

Und doch kann der unmittelbare thematische Einstieg über dieses Motiv auch Probleme aufwerfen, ja in kommunikative Aporien führen. Dafür ein Beispiel: In den Beratungen zur Allgemeinen Erklärung der Menschenrechte der Vereinten Nationen von 1948 brachte Brasilien den Vorschlag ein, die biblische Idee der Gottesebenbildlichkeit als Begründung der Menschenwürde direkt in den Textentwurf aufzunehmen.[35] Auf diese Weise sollte der Menschenrechtserklärung ein religiöses Fundament eingezogen werden. Dieser Antrag stieß jedoch auf massiven Widerspruch und fand nur bei wenigen Staaten Unterstützung. Der prononciert vom Vertreter Chinas, dem Philosophen Chang, vorgebrachte Einwand lautete, dass die Erklärung durch Aufnahme einer biblischen Referenz nicht mehr den Konsens der religiös, weltanschaulich und kulturell pluralistischen Weltgesellschaft repräsentieren könnte. Dieser Argumentation schloss sich eine überwältigende Mehrheit der Delegierten an. Man entschied sich im Ergebnis dafür, den Begriff der Menschenwürde ohne religiöse Referenzen in die Menschenrechtserklärung aufzunehmen und es stattdessen bei einem rein säkularen Wortlaut zu belassen.

---

[35] Vgl. Wolfgang Vögele, *Christliche Elemente in der Begründung von Menschenrechten und Menschenwürde im Kontext der Entstehung der Vereinten Nationen*, in: Hans-Richard Reuter (Hg.), *Ethik der Menschenrechte. Zum Streit um die Universalität einer Idee*, Bd. 1, Tübingen 1999, S. 103–133, hier S. 122ff.

Eine ähnliche Erfahrung machte der Parlamentarische Rat. Nach den Jahren der nationalsozialistischen Barbarei bestand Einigkeit darin, dass der neu zu gründende Staat an die Würde des Menschen zurückgebunden werden sollte. Darüber hinausgehende Vorschläge, die Menschenwürde religiös zu begründen, scheiterten demgegenüber – wenn auch mit knapper Mehrheit.[36] Die Zentralnorm des Grundgesetzes gleichsam von Staats wegen bruchlos auf die Gottesebenbildlichkeit des Menschen zurückzuführen, wäre heute erst recht nicht mehr denkbar. Personen muslimischen Glaubens, bekennende Atheisten, religiös Distanzierte und viele andere würden sich dadurch womöglich auf den Status bloßer »Trittbrettfahrer« einer christlich geprägten Zivilreligion oder Leitkultur degradiert sehen und könnten sich vom Zugang zu einem vollen Verständnis der Menschenwürde in diskriminierender Weise ausgesperrt fühlen.

Dieses Problem ließe sich natürlich dadurch entschärfen, dass man der biblischen Idee der Gottesebenbildlichkeit analoge Vorstellungen aus dem Koran oder aus anderen Traditionen ergänzend zur Seite stellt. Auch der Koran kennt ja Begründungen für eine Sonderstellung des Menschen im Kosmos. So heißt es in der zweiten Sure, der Mensch sei »Statthalter *(khalifa)* Gottes auf Erden«.[37] Diese Formulierung weist eine gewisse Ähnlich-

---

[36] Vgl. Tine Stein, *Himmlische Quellen und irdisches Recht. Religiöse Voraussetzungen des freiheitlichen Verfassungsstaates*, Frankfurt a. M. 2007, S. 308f.

[37] Sure 2,30 u. ö. Vgl. dazu Rotraud Wielandt, *Menschenwürde und Freiheit in der Reflexion zeitgenössischer muslimischer Denker,* in: Johannes Schwartländer (Hg.), *Freiheit der Religion. Christentum und Islam unter dem Anspruch der Menschenrechte,* Mainz 1993, S. 179–209.

keit mit der biblischen Gottesebenbildlichkeit auf, auch wenn sie vorsichtiger formuliert ist und die unüberbrückbare Distanz zwischen Schöpfer und Geschöpf schärfer betont wird. Es gibt außerdem Passagen im Koran, die an das Erschrecken des Psalmisten über die Stellung des Menschen erinnern, der höchst verletzlich ist und dennoch eine herausgehobene Verantwortungsposition innerhalb der Schöpfung bekleidet. So spricht Sure 33 davon, Gott habe den Menschen mit einem Auftrag versehen, den die Berge und die Himmel zuvor zurückgewiesen hätten. Dass der Mensch sich zutraut, diesen Auftrag zu übernehmen, macht seine Sonderstellung aus und sorgt zugleich dafür, dass Gott ihn als töricht tadelt.[38]

Eine Pluralisierung der religiösen und kulturellen Referenzen über die biblische Idee der Gottesebenbildlichkeit hinaus – durch Öffnung zum Beispiel auch für analoge koranische Belegstellen – wäre insofern hilfreich, als dadurch deutlich würde, dass der Begriff der Menschenwürde nicht durch eine bestimmte Traditionslinie monopolistisch okkupiert werden kann. Die inhaltliche Verständigung würde dadurch aber nicht unbedingt leichter. Je mehr identitätsstiftende Konzepte, Bilder, Narrative und Metaphern für die Menschenwürde aus unterschiedlichen religiösen oder kulturellen Traditionen nebeneinandergestellt werden, desto deutlicher zeigt sich vielmehr die Notwendigkeit, zugleich eine *andere, eigenständige Sprachebene* zu

[38] Sure 33,72: »Wir haben das Vertrauenspfand den Himmeln und der Erde und den Bergen angeboten, sie aber weigerten sich, es zu tragen, sie waren erschrocken davor. Der Mensch trug es – er tut wirklich Unrecht und ist sehr töricht.« Zitiert nach der Übersetzung von Adel Theodor Khoury, Gütersloh 1987. Vgl. dazu die Exegese von Mohamed Talbi, *Religionsfreiheit – Recht des Menschen oder Berufung des Menschen?*, in: Schwartländer (Hg.), *Freiheit der Religion* (wie Anm. 37), S. 242–260.

finden, die die Verständigung über das damit jeweils Gemeinte, über Gemeinsamkeiten und etwaige Differenzen möglich macht. Es muss sich dabei um eine Verständigungsebene handeln, die *unabhängig* von den jeweiligen religiösen Glaubensüberzeugungen und kulturellen Identitätsansprüchen in sich selbst Bestand hat und Plausibilität entfalten kann.

Genau dies ist eine Funktion des modernen Rechts, aber auch – in anderer Weise – eine Aufgabe des philosophischen Nachdenkens über die Menschenwürde. Zunächst zum Recht. Die Sprache des modernen Rechts ist eine abstrakte und zugleich säkulare Sprache, weil sie bewusst Abstand sowohl von vorgegebenen konkreten Interessenpositionen als auch von substanziellen religiösen und weltanschaulichen Glaubensbekenntnissen hält. Dem Recht kommt unter anderem die Aufgabe zu, komplexe Institutionen mit der Perspektive von Dauer zu bilden und deren Funktionsweise normativ präzise anzuleiten. Auch deshalb hat die juristische Sprache einen ausgesprochen fachlichen, oft »technischen« Charakter. Darin besteht sowohl ihr besonderer Vorzug – da sie nämlich auf diese Weise spezifische Präzisionsgrade erreichen kann – als auch ihre unverkennbare Grenze: Wenn Menschen primär in der technisch-abstrakten Sprache des Rechts miteinander kommunizieren, muss man davon ausgehen, dass das Verhältnis zwischen ihnen zerrüttet ist. Erst recht gilt, dass für die Entfaltung menschlichen Selbstverständnisses die juristische Sprache gänzlich ungeeignet ist.

Im Vergleich zum Reichtum und zur Kraft der Bildersprache, in der die Idee der Menschenwürde in den Grundschriften religiöser und kultureller Traditionen aufscheint, muten die einschlägigen juristischen Formeln dürr, ja steril an. Dies ist unvermeidlich: Zu mehr als einer Bekräftigung von Universalität, Unveräußerlichkeit und Unantastbarkeit der Menschenwürde kann sich die juristische Sprache nicht aufschwingen. Diese Abstraktheit der juristischen Formulierungen ist der Preis ihrer spezifischen Präzision sowie ihrer (jedenfalls der Intention nach) allgemeinen Kommunikabilität. Beides bildet wiederum die Voraussetzung dafür, dass die Menschen über religiöse, weltanschauliche und kulturelle Differenzen hinweg bestimmte rechtspraktische *Konsequenzen der Menschenwürde* – nämlich in Gestalt der Menschenrechte – verbindlich miteinander vereinbaren können.

Eine umfassende Verständigung über die Menschenwürde verlangt deshalb nach einer weiteren Kommunikationsebene, nämlich der Philosophie. Im Unterschied zur Religion (und ihrer Reflexionsform, der Theologie) stützt sich das philosophische Nachdenken nicht auf Offenbarungstexte oder andere Dokumente mit transzendentem Autoritätsanspruch, sondern bewegt sich im säkularen Medium der allen Menschen gemeinsamen Vernunft. Darin besteht eine Parallele zum modernen säkularen Recht. Allerdings geht es in der Philosophie vor allem um die Erhellung menschlichen Selbstverständnisses und nicht (oder jedenfalls nicht unmittelbar) um die Formulierung normativer Vorgaben für das Funktionieren gesellschaftlicher Institutionen, wie sie in der Jurisprudenz erarbeitet werden.

Philosophieren über die Menschenwürde ist etwas anderes als die rhetorische Bekräftigung identitätsstiftender kultureller Traditionen. Angesichts der aktuellen Dominanz des Identitätsbegriffs in Wissenschaft, Gesellschaft und Politik ist es wichtig, diese Differenz hervorzuheben, wenn man den Anspruch des Philosophierens nicht von vornherein unterbieten will.[39] Gewiss: Philosophische Texte, Lehrmeinungen und Schulen gehören zu unserer kulturellen Überlieferung und sind damit in einem trivialen Sinne immer auch Bestandteile unserer kulturellen Identität. Unter diesem breit gefassten Begriff lassen sich Phänomene so unterschiedlicher Art wie die Bach'sche *Matthäuspassion,* Rembrandts *Mann mit dem Goldhelm,* Schillers *Jungfrau von Orleans* oder auch der kantische kategorische Imperativ subsumieren. Eine solche Außenbetrachtung der Philosophie ist aber nur begrenzt sinnvoll, weil das Philosophieren in seinem Anspruch, sachliche *Klärungen* zu leisten und relevante Einsichten zu befördern, darin von vornherein gar nicht zum Tragen kommen kann.

Es fällt auf, dass in vielen Lehrbüchern zu Menschenwürde, Menschenrechten und Grundrechten philosophische Argumente im Modus musealer Außendarstellung, nämlich als bloße Bestandteile kultureller Überlieferung, aufgelistet werden. So wird beispielsweise die kantische Philosophie nicht selten auf eine Ansammlung halbverständlicher Formeln und Vokabeln reduziert, deren Bedeutung in erster Linie darin zu bestehen scheint, dass sie über die Generationen hinweg immer wieder zitiert worden sind, dass Personen mit gehobenen Bildungsaspirationen sie deshalb irgendwie kennen sollten und dass sie in diesem Sinne einen identitätsstiftenden Überliefe-

[39] Für die Theologie gilt übrigens Ähnliches. Auch sie muss sich, will sie inhaltlich ernst genommen werden, gegen die Umklammerung durch kulturelle Identitätspolitik immer wieder neu zur Wehr setzen.

rungszusammenhang darstellen. Als bildungsbürgerliches Traditionsgut ergibt die Philosophie aber keinen Sinn. Eine philosophische Besinnung kann vielmehr nur dann in Angriff genommen werden, wenn die Philosophie sich sowohl gegen die Entsorgung in den bildungsbürgerlichen Zitatenschatz als auch gegen die Umklammerung durch kulturelle Identitätskonzepte zur Wehr setzt und ihren eigenständigen sachlichen Geltungsanspruch vorbringt. Dies gilt auch für Überlegungen zur Menschenwürde.

Die folgenden Gedankengänge sind, wie sich leicht erkennen lässt, von Kant sowie von jüngeren diskursethischen Reformulierungen der kantischen Philosophie inspiriert. Was dabei zählt, ist jedoch nicht etwa die »Autorität« des Königsberger Philosophen im Gesamt unserer kulturellen Überlieferung, sondern allein die Plausibilität der vorgetragenen Argumente. Kants Texte enthalten weder einen quasi-religiösen Offenbarungsanspruch, noch können sie als unbefragte Eckpunkte aufgeklärt-europäischer Identität gelten. Sie sind lediglich Bezugsquellen für eine Argumentation, die auf ihre sachliche Überzeugungskraft hin geprüft werden will.

2. Prämisse normativer Verbindlichkeiten

Auch ein philosophischer Einstieg in das Thema Menschenwürde kommt nicht ohne Voraussetzungen aus, die im Einzelnen immer auch strittig sein werden. Es gibt keinen archimedischen Punkt gänzlich außerhalb der menschlichen Lebenswelt, von dem aus wir das Gewebe unserer Überzeugungen, Vorstellungen, Ideen und

Interessen in völliger Unvoreingenommenheit überschauen und sortieren könnten. Der Ausgangspunkt der Überlegungen sollte aber mit der Intention gewählt sein, niemanden von vornherein aufgrund seiner religiösen oder weltanschaulichen Orientierung davon auszuschließen. Statt die Argumentation auf ein bestimmtes, stark religiös, weltanschaulich oder kulturell konturiertes »Menschenbild« wie etwa die Idee der Gottesebenbildlichkeit zu stützen, setze ich mit der Prämisse ein, dass der Mensch Verantwortungssubjekt ist. Diese Prämisse ist nicht trivial und mag durchaus skeptischen Rückfragen ausgesetzt sein. Sie ist aber in dem Sinne *praktisch unhintergehbar*, als die normative Reflexion und Kommunikation nicht dahinter zurückgehen kann, ohne sich selbst aufzugeben.[40]

Dass Menschen Abkommen miteinander eingehen können, die für alle verlässlich gelten sollen; dass sie einander Versprechungen machen und auf deren Einhaltung pochen; dass sie für sich allein und im Gespräch mit anderen Orientierung suchen und normative Eckpunkte in einer gemeinsamen Verfassungsurkunde festschreiben – dies alles hängt daran, dass die betreffenden Personen sich selbst und einander *als Subjekte möglicher Verantwortung* ansehen und respektieren. Der so verstandene Achtungsanspruch ist ein Grunddatum normativer Reflexion und Kommunikation überhaupt. Er schwingt als zumeist unausgesprochene Voraussetzung immer mit, wenn Menschen Verbindlichkeiten – gleich welcher Art – miteinander eingehen. Ob sie einen Mietvertrag unterzeichnen, sich gemeinsame Vereinsregeln

---

40 Nähere Ausführungen dazu finden sich in Kapitel IV,1.

geben, als Abgeordnete einen Gesetzesentwurf debattieren oder im Gespräch einander Dinge anvertrauen, von denen sie nicht möchten, dass sie weitererzählt werden – sobald normative Erwartungen aneinander ins Spiel kommen, sind diese zumindest implizit von einem Anspruch auf gegenseitige Achtung getragen.

Es mag sein, dass in vielen Fällen der Respekt gegenüber einer Person mit Skepsis oder mancherlei Vorbehalten durchmischt ist. Achtung ist nicht dasselbe wie Gutgläubigkeit oder Naivität. Deshalb legen wir oft Wert darauf, dass ein Versprechen über den Händedruck hinaus auch schriftlich beglaubigt und durch das Zeugnis Dritter gerichtsfest untermauert wird. Die elementare Achtung ist auch nicht dasselbe wie eine besondere persönliche Wertschätzung oder ein durch Erfahrung bewährtes Vertrauen. Wer einer bestimmten Person jedoch generell abspricht, Trägerin möglicher Verantwortung zu sein, wird zur normativen Interaktion mit ihr weder in der Lage noch bereit sein. Und wer den Achtungsanspruch gegenüber seinen Mitmenschen überhaupt bestreitet, verleugnet damit implizit jede Verbindlichkeit im sozialen Verkehr – was lebenspraktisch kaum durchzuhalten sein dürfte.

Der für das gesamte Feld des Normativen konstitutive Achtungsanspruch ist im Übrigen auch dann präsent, wenn ein Mensch *für sich selbst* bindende Regeln aufstellt und Vorsätze fasst. Selbstachtung und Achtung der anderen setzen einander wechselseitig voraus: Nur wer sich selbst als Verantwortungssubjekt versteht und ernst nimmt, ist zur normativen Interaktion mit anderen fähig, und umgekehrt gilt, dass nur in Erfahrungen normativer Interaktion ein Bewusstsein der eigenen Qualität als moralischer Akteur entstehen kann.

Ohne diesen grundlegenden Achtungsanspruch sind Verbindlichkeiten gar nicht denkbar; sie könnten weder entstehen noch aufrechterhalten werden. Was übrig bliebe, wären lediglich Erwägungen des individuellen oder kollektiven *Nutzens,* den man sich von der Einhaltung bestimmter geschriebener oder ungeschriebener Regeln und Verabredungen verspricht. Im praktischen Leben sind Nutzenkalküle und normative Verbindlichkeiten meist so ineinander verwoben, dass man sie *in concreto* nicht leicht auseinanderhalten kann. Dies gilt vor allem für die Rechtsordnung; denn sie ist gerade dadurch definiert, dass das Element der *inneren Verbindlichkeit* durch die Androhung *äußerer Sanktionen* im Übertretungsfall ergänzt und stabilisiert wird.[41] Im Interesse der Klarheit ist es aber notwendig, beide Ebenen kategorial zu unterscheiden: Normative Verbindlichkeiten gehen insofern über bloß utilitaristische Kalkulationen hinaus, als ihre bindende Wirkung auch dann noch bestehen bleibt, wenn die langfristige Nutzenbilanz negativ ausfällt und etwaige Sanktionen nicht verfangen.

Verbindlichkeiten werden erfahrungsgemäß nicht immer eingelöst; sie können ignoriert, gebrochen und in manchen Fällen sogar brutal zur Seite geschoben werden. Dass ihre Verletzung indessen typischerweise einen *Vorwurf* – den Vorwurf von Unzuverlässigkeit, Treuebruch oder Rechtsbruch – auslöst, zeigt gleichwohl, dass zumindest die *Erwartung* besteht, dass sie eine bindende Wirkung entfalten. Und dies ist entscheidend:

---

41 Vgl. Immanuel Kant, Die Metaphysik der Sitten, Akademie-Ausgabe, Bd. VI, S. 231 (AB 35): »Das Recht ist mit der Befugnis zu zwingen verbunden.«

Auch die Missbilligung eines konkreten Verhaltens kann Ausdruck dafür sein, dass man den betreffenden Menschen als Subjekt einer Verantwortung ansieht, der er faktisch gerade nicht gerecht wird. Solche Missbilligung kann sich auch auf das eigene Verhalten richten und Schuldgefühle auslösen.

Vorwürfe, Empörung, Schuldgefühle und Gewissensbisse bilden die Kehrseite im Selbstverständnis des Menschen als moralisches Wesen. An diesen »negativen« Gefühlen wird deutlich, dass der auf die Verantwortungssubjektivität zielende Achtungsanspruch nichts mit idealistischer Selbstüberhöhung des Menschen (als Individuum oder Gattung) zu tun hat. Es geht nicht wie bei Pico della Mirandola um die Zelebrierung des schöpferischen Individuums, dessen Würde darin bestehe, sein »eigener, in Ehre frei entscheidender Bildhauer«[42] zu werden und sich dadurch im Idealfall zu einem übermenschlichen Wesen zu erheben.[43] Der Achtungsanspruch manifestiert sich nicht primär in den feierlichen Momenten des Lebens, in heroischen Taten, herausragenden Leistungen und offiziellen Deklamationen. Vielmehr prägt er die alltäglichen Lebensbezüge des Menschen, insofern sie von Verbindlichkeiten aller Art durchzogen sind, ohne die normative Interaktionen nicht möglich wären.

---

[42] Pico della Mirandola (wie Anm. 34), S. 7. Am enthusiastischen Würdeverständnis der Renaissancephilosophie orientiert sich weitgehend Kurt Bayertz, *Die Idee der Menschenwürde. Probleme und Paradoxien*, in: Archiv für Rechts- und Sozialphilosophie 81 (1995), S. 465–481.

[43] Vgl. Pico della Mirandola (wie Anm. 34), S. 11: »Lasst uns das Irdische verschmähen, das Himmlische verachten, und indem wir alles zur Welt Gehörige schließlich hinter uns lassen, dem außerweltlichen Hof zueilen, der der erhabenen Gottheit am nächsten ist.«

Die Idee der Menschenwürde steht für die *grundlegende Einsicht,* dass der Mensch im Innewerden dieses Achtungsanspruchs sich selbst und seine Mitmenschen als Träger möglicher Verantwortung anerkennt. Sie ist das innere Worumwillen der Achtung. Dies macht ihren besonderen Stellenwert für sämtliche Bereiche von Moral und Recht aus. Die Menschenwürde ist deshalb nicht ein konkreter moralischer Wert von derselben Art wie andere Werte, sie ist auch keine Rechtsnorm neben anderen Normen und kein Rechtsgut in Konkurrenz zu anderen Rechtsgütern, sondern hat einen prinzipiell anderen, übergeordneten Status: Der Menschenwürde eignet *axiomatische Qualität.*

3. Der kategorische Imperativ

In kaum einer Abhandlung über die Menschenwürde – jedenfalls im deutschen Sprachraum – fehlt das Instrumentalisierungsverbot in der berühmten kantischen Formulierung: »Handle so, dass du die Menschheit sowohl in deiner Person, als in der Person eines jeden andern jederzeit zugleich als Zweck, niemals bloß als Mittel brauchst.«[44] In der deutschen Rechtsprechung und Rechtswissenschaft hat das Instrumentalisierungsverbot (im Anschluss an Günter Dürig) als sogenannte »Objektformel« geradezu kanonischen Rang erhalten: Der Mensch dürfe um seiner Würde willen niemals zum bloßen Objekt degradiert werden, sondern müsse immer auch in seiner Sub-

---

[44] Immanuel Kant, *Grundlegung zur Metaphysik der Sitten,* Akademie-Ausgabe Bd. IV, S. 429 (BA 66f).

jektqualität zur Geltung kommen.[45] Manchmal spricht man auch von der »Selbstzweckformel«, womit dann die positive Seite in der genannten Formulierung des kategorischen Imperativs hervorgehoben wird.

Die Objektformel (oder Selbstzweckformel) wird zwar ständig zitiert, sieht sich aber schon seit Langem dem Vorwurf der Trivialität ausgesetzt (der damit dann auch auf Kant durchschlägt). Dass der Mensch nicht totaler Instrumentalisierung anheimfallen darf, ist eine zwar richtige, aber in der Tat nicht besonders eindrucksvolle Erkenntnis. Für praktische Problemlösungen in brisanten Konfliktfällen bringt sie wenig ein, und man kann sie scheinbar mit Fug und Recht in den bildungsbürgerlichen Zitatenschatz abschieben, wo sie ja auch längst ihren Ort gefunden hat.

Bei näherer Betrachtung zeigt sich allerdings, dass der allseits zitierte kantische Satz überhaupt nicht die Funktion einer konkreten moralischen Anweisung hat. Sein Sinn besteht vielmehr darin, den Menschen als *Quelle* aller konkreten moralischen Verbindlichkeiten auszuweisen. Dass Kant dem Instrumentalisierungsverbot beziehungsweise dem Selbstzweckgedanken den herausgehobenen Rang *des kategorischen Imperativs* zuweist, wäre überflüssig, ja maßlos überzogen, wenn es dabei tatsächlich nur um eine konkrete moralische Anweisung oder Norm ginge, wie dies vielfach unbesehen unterstellt wird.

---

45 Vgl. Günter Dürig, *Der Grundrechtssatz von der Menschenwürde*, in: Archiv für öffentliches Recht 2 (1956), S. 117–157, hier S. 127: »Die Menschenwürde als solche ist getroffen, wenn der konkrete Mensch zum Objekt, zu einem bloßen Mittel, zur vertretbaren Größe herabgewürdigt wird.«

Der kategorische Imperativ ist nicht eine Norm, sondern etwas völlig anderes, nämlich das *Prinzip der moralischen Normgebung*. Die Verwechslung dieser beiden Ebenen ist letztlich genauso gravierend, wie wenn man das Demokratieprinzip – also die Quelle der politischen Normgebung – mit irgendeinem konkreten Gesetz (zum Beispiel einem Wahlgesetz) schlicht gleichsetzen würde. Als Prinzip der moralischen Selbstgesetzgebung leitet der kategorische Imperativ die moralische *Urteilsbildung* des Menschen an und fordert zugleich seine *Willensbildung* heraus – deshalb die imperative Form: Handele! Der Mensch sieht sich mit dem Anspruch konfrontiert, seine bestehenden subjektiven Grundsätze (»Maximen«) in einen größeren Zusammenhang zu stellen und sie immer wieder daraufhin kritisch zu prüfen, ob er sie ernsthaft als allgemeingültige Prinzipien wollen kann. Auf diese Weise findet im Medium der zunächst subjektiven Maximen eine moralische Selbstgesetzgebung statt, mit der die interessengeleitete subjektive Perspektive überschritten wird. Nach eingehender Analyse des moralischen Bewusstseins und der in ihm wirksamen Impulse und Geltungsansprüche kommt Kant schließlich zur Universalisierbarkeitsformel des kategorischen Imperativs: »Handle nur nach derjenigen Maxime, durch die du zugleich wollen kannst, dass sie ein allgemeines Gesetz werde.«[46]

Die beiden zitierten Formulierungen des kategorischen Imperativs – die Selbstzweckformel und die Universalisierbarkeitsformel – unterscheiden sich im Wortlaut erheblich voneinander; und es gibt noch weitere Formulierungen, die wiederum die Akzente verschieben. Trotz der

[46] Kant, *Grundlegung zur Metaphysik der Sitten,* AA IV, S. 421 (BA 52).

augenfälligen Differenzen zwischen den jeweiligen Formulierungen besteht Kant freilich darauf, dass der kategorische Imperativ nur »*ein einziger*« sei.[47] Diese Aussage ist für das Verständnis des kategorischen Imperativs von alles entscheidender Bedeutung. Während es Normen im Plural gibt, kann das Prinzip der Normgebung nur im Singular gedacht werden. Nur in seiner Einzigkeit kann der kategorische Imperativ seinen Rang wahren.

Wie passt die Singularität des kategorischen Imperativs mit der Pluralität seiner höchst unterschiedlichen Formulierungen zusammen? Offenbar stehen diese nicht für jeweils eigenständige Inhalte, sondern sie ergänzen einander in der komplementären Beleuchtung eines und desselben Themas: der *moralischen Selbstgesetzgebung des Menschen.* Die unterschiedlichen Formeln des kategorischen Imperativs müssen deshalb stets zusammengelesen werden; nur in der Synopse erschließt sich ihr Sinn.[48] Daraus ergibt sich, dass der Anspruch, den Menschen nie nur als Mittel, sondern immer zugleich als Selbstzweck zu behandeln, denselben Stellenwert hat wie das Prinzip moralischer Selbstgesetzgebung, ja mit diesem *zuletzt gleichbedeutend* ist. Die Achtung der Menschenwürde ist eben nicht nur ein konkretes Gebot neben anderen Geboten, sie ist nicht eine Verpflichtung von derselben Art wie andere materiale Verpflichtungen, sondern verweist unmittelbar auf die *Quelle moralischer Verbindlichkeiten überhaupt,* nämlich den Menschen als Verantwortungssubjekt. Mit Kants Worten: »Unser eige-

---

47 Kant, *Grundlegung zur Metaphysik der Sitten,* AA IV, S. 421 (BA 52).

48 Vgl. Onora O'Neill, Constructions of Reason. Explorations of Kant's Practical Philosophy, Cambridge 1989, S. 143.

ner Wille, so fern er nur unter der Bedingung einer durch seine Maximen möglichen allgemeinen Gesetzgebung handeln würde, dieser uns mögliche Wille in der Idee ist der eigentliche Gegenstand der Achtung, und die Würde der Menschheit besteht eben in dieser Fähigkeit, allgemein gesetzgebend, obgleich mit dem Beding, eben dieser Gesetzgebung zugleich selbst unterworfen zu sein.«[49]

Im Menschen findet das moralische Gesetz seine personale Repräsentation, ohne die es weder Moral noch Recht noch sonstige Verbindlichkeiten geben könnte. Die Aufforderung, den Menschen in seiner Selbstzweckhaftigkeit zu respektieren, hat deshalb nicht die Funktion einer Norm, sondern den Rang eines *Axioms*. Als Norm wäre sie allenfalls trivial; nur als Axiom ergibt sie Sinn. Der Achtungsanspruch der Menschenwürde wird damit aus dem Gefüge der materialen Normen, Regeln, Werte und Rechtsgüter herausgehoben und auf einer anderen Ebene verortet. Für die meisten Normen, Werte und Rechtsgüter gilt, dass sie ins Verhältnis miteinander gesetzt werden können und in Kollisionsfällen gelegentlich auch gegeneinander abgewogen werden müssen.[50] Bei der Würde des Menschen ist dies grundlegend anders. Sie durchbricht die Logik möglichen Abwägens, weil alle Abwägungen, wenn sie denn mora-

[49] Kant, *Grundlegung zur Metaphysik der Sitten*, AA IV, S. 440 (BA 86f).

[50] Bei manchen Normen gilt dies wegen der *Unmittelbarkeit*, mit der die Menschenwürde darin involviert ist, nicht. Ein Beispiel dafür wäre das Folterverbot. Entscheidend ist jedoch nicht schon die Tatsache als solche, dass die Würde dabei tangiert ist; denn dies gilt für alle Menschenrechtsnormen. Weil die Würde des Menschen durch die Folter jedoch nicht nur betroffen, sondern systematisch und absichtlich *negiert* wird, erlaubt das Folterverbot keine Ausnahmen. Vgl. dazu auch die Ausführungen in Abschnitt V,4.

lische oder rechtliche Akte sein wollen, den *Respekt vor der Menschenwürde immer schon voraussetzen*. Die Menschenwürde ist deshalb ihrerseits unabwägbar; ja sie wird geradezu dadurch definiert, dass sie schlechthin inkommensurabel ist, wie Kant feststellt: »Im Reich der Zwecke hat alles entweder einen *Preis*, oder eine *Würde*. Was einen Preis hat, an dessen Stelle kann auch etwas anderes als *Äquivalent* gesetzt werden; was dagegen über allen Preis erhaben ist, mithin kein Äquivalent verstattet, das hat eine Würde.«[51]

4. Exkurs: Leidensfähigkeit als moralisches Grunddatum?

Dass die allseitige Achtung der Menschen als Verantwortungssubjekte das unhintergehbare Axiom im Bereich des Normativen sei, wird von denen bestritten, die das Grunddatum von Moral und Recht meinen »tiefer hängen« zu müssen, indem sie es an der empirischen *Empfindungsfähigkeit* und insbesondere Leidensfähigkeit festmachen, die der Mensch mit anderen höher entwickelten Lebewesen teilt. Diese Position ist vor allem in der angloamerikanischen Diskussion verbreitet. Darin manifestiert sich die starke Prägekraft des ethischen Utilitarismus im angloamerikanischen Raum. Dessen Vertreter sind – entgegen einem verbreiteten Klischee – meist nicht so sehr am Ziel der Nutzenmaximierung orientiert als vielmehr am Primat der *Leidensminimierung*. Von daher liegt es nahe, die Perspektive moralischer Achtsamkeit über die Men-

---

[51] Kant, *Grundlegung zur Metaphysik der Sitten*, AA IV, S. 434 (BA 77) (Hervorhebungen im Original).

schenwelt hinaus zu erweitern und letztlich auf alle empfindungsfähigen Lebewesen zu erstrecken. Schon die Klassiker des Utilitarismus wie Jeremy Bentham haben sich für einen schonenden Umgang mit Tieren eingesetzt.[52]

Franz Josef Wetz, der in der deutschen Diskussion um die Menschenwürde einen dezidiert sensualistischen Standpunkt vertritt und die Empfindungsfähigkeit als Ausgangs- und Zielpunkt normativer Argumentation ansieht, beruft sich zur Stärkung seiner Position zugleich auf das Erfordernis einer *weltanschaulich neutralen Moralbegründung*. Nicht nur den Würdebegründungen religiöser Natur – wie dem biblischen Motiv der Gottesebenbildlichkeit –, sondern auch den vernunftrechtlichen Ansätzen Kants oder der Diskurstheorie hält er vor, dass sie theologischen beziehungsweise krypto-theologischen Prämissen verpflichtet seien, die in der modernen pluralistischen Gesellschaft keine Chance mehr auf breite Anerkennung hätten. Noch viel weniger könnten sie staatliches Handeln anleiten.[53] Den Rückgang auf das empirische Faktum der Empfindungs- und insbesondere Leidensfähigkeit versteht Wetz demgegenüber als Bestandteil einer unumgänglichen Säkularisierung des Normativen, die erst dadurch radikal verwirklicht werde. Die alltäglich erfahrbare und deshalb unabweisbare Verletzlichkeit des Menschen als Ausgangsdatum zu nehmen, sei gegenüber theologischen und philosophischen Ansätzen nicht nur basaler, sondern zugleich die einzig

---

[52] Vgl. James E. Crimmins, *Secular Utilitarianism. Social Science and the Critique of Religion in the Thought of Jeremy Bentham*, Oxford 1990.

[53] Vgl. Wetz, *Menschenwürde als Opium fürs Volk* (wie Anm. 4), S. 231.

mögliche Konsequenz aus dem Postulat der religiös-weltanschaulichen Neutralität des Staates. »Nach dem Wegfall der traditionellen Metaphysik lässt sich die Idee der Würde nur noch auf solche Gesichtspunkte gründen, das heißt auf ethische Überlegungen mit der menschlichen Bedürftigkeit und Verletzbarkeit als verallgemeinerbarem Ausgangspunkt.«[54]

In der Schlichtheit des von ihm vertretenen Sensualismus sieht Wetz einen ausgesprochenen Vorzug, weil diese Position ohne großen theoretischen Aufwand auskomme und deshalb für jeden einsichtig sein müsse. Um einen Ausweg aus weltanschaulich aufgeladenen Debatten zu finden, in denen »die Menschenwürde [...] allzu oft die unrühmliche Rolle einer benebelnden Droge« innehabe,[55] bleibe letztlich nur die evidente Aufgabe der Leidensverhinderung beziehungsweise der Leidensüberwindung. Wer sich diesem unmittelbar verständlichen Imperativ verweigert, muss sich von Wetz dann freilich massive Vorwürfe gefallen lassen: »Wem jedoch die einfache Forderung nicht auf Anhieb einleuchtet, dass materielle Unterversorgung, geistige Bevormundung und Verhinderung der persönlichen Entwicklung aufgehoben werden sollten, der ist – so darf man wohl sagen – dumm, hartherzig und verstockt.«[56]

Dieses scharfe Verdikt lässt aufhorchen. Dass ausgerechnet Wetz, der ansonsten mit geradezu säkularistischem Furor alle Anklänge an religiöse Sprachtraditionen als Anachronismen entlarvt, den alttestamentlichen

---

[54] Wetz, *Illusion Menschenwürde* (wie Anm. 3), S. 240.

[55] Wetz, *Menschenwürde als Opium fürs Volk* (wie Anm. 4), S. 227.

[56] Wetz, *Menschenwürde als Opium fürs Volk* (wie Anm. 4), S. 230.

Begriff der »Verstocktheit« bemüht,[57] ist an sich schon bemerkenswert. In systematischer Hinsicht noch wichtiger ist aber die Tatsache, dass er trotz seiner sensualistischen Evidenzanmutung letztlich nicht umhinkommt, *moralische Appelle* zu formulieren, mit denen er die Verantwortungsbereitschaft der Menschen explizit herausfordert. Mit anderen Worten: Spätestens dann, wenn es darum geht, auf das Faktum des Leidens gesellschaftlich zu *antworten,* Abhilfe zu organisieren und Unterstützung zu mobilisieren, müssen auch die Vertreter eines radikalen Empirismus die Verantwortungssubjektivität des Menschen in Rechnung stellen. Sie ist die unhintergehbare Bedingung der Möglichkeit dafür, potenzielle Kooperationspartner anzusprechen, Adressaten politischen Protestes zu identifizieren oder Appelle zur Veränderung der persönlichen Lebensführung zu formulieren.

Die Relation zwischen dem empirischen Faktum der Leidensfähigkeit und der reflektierten Artikulation normativer Postulate lässt sich daher nicht in Analogie zum Marx'schen Basis-Überbau-Verhältnis beschreiben. Die Verantwortungssubjektivität des Menschen ist kein bloß idealistischer Überbau, der gegenüber dem Basisfaktum der Leidensfähigkeit nachrangig wäre. Sie kommt vielmehr spätestens dann als zumindest implizite *Prämisse* – ergo als »Basis« des Normativen – ins Spiel, wenn es darum geht, aus der Erfahrung von Leid, Bedürftigkeit und Verletzlichkeit gesellschaftliche Konsequenzen zu ziehen, über die sich *Menschen miteinander verständigen* müssen.

Aufschlussreich ist in diesem Zusammenhang auch eine Passage in Peter Singers Buch *Praktische Ethik.* Von

[57] Vgl. Exodus 7,13 u. ö.

utilitaristischen Prämissen der Glücksmaximierung und Leidensminimierung ausgehend, will Singer bekanntlich die anthropozentrische Perspektive in der Ethik prinzipiell überwinden.[58] In seinem Buch erzählt er die Geschichte, dass Benjamin Franklin seine vormalige vegetarische Lebensweise aufgegeben hat, nachdem er an einem praktischen Beispiel direkt erlebt hatte, dass innerhalb der Tierwelt keinerlei Schonung praktiziert wird. Warum soll der Mensch keinen Fisch essen, so Franklins Gedanke, wenn nicht einmal die Fische selbst darauf verzichten, einander zu verspeisen![59] Singer kritisiert Franklins Haltung mit einer Reihe von Argumenten, darunter mit dem bemerkenswerten Hinweis darauf, dass der Mensch im Unterschied zu den Tieren eben in der Lage sei, sein Verhalten zu reflektieren und an Gründen zu orientieren. »Entscheidend ist allerdings, dass Tiere [nonhuman animals] nicht fähig sind, die sich ihnen bietenden Alternativen zu erwägen und über die Moral ihrer Ernährung zu reflektieren. Daher ist es unmöglich, die Tiere für das verantwortlich zu machen, was sie tun, oder zu befinden, dass sie, weil sie töten, eine gleiche Behandlung ›verdienen‹. Auf der anderen Seite müssen diejenigen, die diese Zeilen lesen, die Rechtmäßigkeit ihrer Essgewohnheiten überdenken. Man kann sich nicht der Verantwortlichkeit entziehen, indem man Wesen nachahmt, die unfähig sind, diese Wahl zu treffen.«[60]

Bedauerlicherweise gibt Singer diesem im Gesamt seines Buches nur beiläufig herangezogenen Argument, dass

---

[58] Vgl. Peter Singer, *Praktische Ethik,* Stuttgart ^{2}1994, S. 82ff.

[59] Vgl. Singer (wie Anm. 58), S. 100.

[60] Singer (wie Anm. 58), S. 101.

Menschen im Unterschied zu »nonhuman animals« spezifischen Ansprüchen auf Reflexion, Rechtfertigung und Verantwortung ausgesetzt sind, für sein eigenes System der Ethik nicht den Stellenwert, der ihm gebührt. Sonst müsste er nämlich klarstellen, dass auch in einer Ethik, die die Sorge über den Menschen hinaus auf andere Lebewesen ausweitet, die Verantwortungssubjektivität des Menschen nicht ohne Gefahr gravierender Selbstmissverständnisse naturalistisch eingeebnet werden kann. Aus ihr resultieren nicht nur graduelle Unterschiede innerhalb des Kosmos empfindungsfähiger Wesen, sondern sie bildet schlechthin den Angelpunkt jeder Moral und jeden Rechts. Die Achtung, die dem individuellen Menschen als Verantwortungssubjekt zukommt, ist daher etwas fundamental anderes als die Einbeziehung seiner Interessen in eine utilitaristische Gesamtkalkulation: Sie fungiert als das Grunddatum normativer Verbindlichkeiten überhaupt.

5. Die Würde – angeborenes Merkmal oder zugeschriebener Status?

Wenn wir davon ausgehen, dass der Achtungsanspruch an der Position des Menschen als Subjekt möglicher Verantwortung hängt, bleibt weiter zu fragen, in welchem Modus das Individuum Anteil an der Menschenwürde hat: Handelt es sich um ein anthropologisches Merkmal, also eine Eigenschaft, von der wir annehmen, dass jeder Mensch sie besitzt? In der juristischen Literatur hat sich für diese Vorstellung der Begriff der »Mitgifttheorie« herausgebildet.[61]

---

[61] Vgl. Martin Nettesheim, *Die Garantie der Menschenwürde zwischen*

Wie andere dem Menschen angeborene Merkmale soll danach auch die Würde Bestandteil der gewissermaßen natürlichen Grundausstattung (»Mitgift«) jedes Menschen sein. Oder bezeichnet die Menschenwürde eher einen sozialen Zustand, nämlich den Zustand gesellschaftlichen Respekts? Demnach wäre sie weniger eine dem Individuum schon von Natur aus zukommende Ausstattung als vielmehr das Resultat wechselseitiger sozialer Anerkennungsprozesse; sie wäre ein gesellschaftliches und nicht ein natürliches Gut.

Dass die Würde dem Menschen wie ein natürliches anthropologisches Merkmal zukomme, wird durch die traditionelle Rede von der »angeborenen« Menschenwürde nahegelegt. Die Attraktivität dieser Vorstellung besteht darin, dass die Menschenwürde dabei in ihrer *Unbeliebigkeit* zu Wort kommt. Sie gehört nicht in den Bereich des von Menschen Gemachten, das nach Willkür oder Zufall so oder auch ganz anders ausfallen könnte, sondern wird als ein nicht-disponibler Anspruch vorgefunden. Im Kontrast zu gesellschaftlichen Artefakten erscheint sie insofern gewissermaßen als etwas Natürliches, das den Fährnissen sozialer Konjunkturen entzogen bleibt und im Wesen des Menschen fest gegründet ist.

Schon seit den Sophisten und insbesondere seit den Stoikern ist die Natur in diesem Sinne immer wieder als autoritative Instanz gegen willkürliche menschliche Setzungen ins Spiel gebracht worden: Der »physis« (Natur) gebühre Vorrang vor der menschlichen »thesis« (Setzung), die überhaupt nur legitim sei, wenn sie sich in die

---

metaphysischer Überhöhung und bloßem Abwägungstopos, in: Archiv für öffentliches Recht 130 (2005), S. 71–113, hier S. 89ff.

natürliche Sinnordnung einfüge. »Secundum naturam vivere« wurde in diesem Sinne zum Leitspruch der Stoa.[62] Der von dort herrührende Gedanke eines *Naturrechts,* das dem positiven Recht als Maßstab verbindlich zugrunde liegt, hat die europäische Philosophie bis weit in die Neuzeit hinein maßgeblich geprägt.[63] Vielfach verwoben mit christlich-theologischen Motiven eines sich in der Naturordnung manifestierenden göttlichen Schöpferwillens, ist das Naturrecht historisch zum Medium auch für die Artikulation und Entfaltung der Idee der Menschenwürde geworden. Noch in der UN-Menschenrechtserklärung von 1948 sind die Nachwirkungen dieser großen Tradition spürbar, wenn in der Präambel von der »inhärenten Würde aller Mitglieder der menschlichen Familie« die Rede ist oder wenn es in Art. 1 heißt, alle Menschen seien »an Würde und Rechten gleich geboren«.

Ein Problem des naturrechtlich-anthropologischen Ansatzes besteht freilich darin, dass er auf höchst voraussetzungsreichen Prämissen beruht, die heute meist auf Skepsis stoßen. Was soll man sich unter einer naturrechtlich relevanten »Wesensnatur« des Menschen konkret vorstellen? Ist es überhaupt möglich, von der menschlichen Natur her Normen zu gewinnen, also von einem Sein auf ein Sollen zu schließen? Und was hat man in der Vergangenheit nicht alles mit der »Natur des Menschen« begründet: Naturrechtliche Argumente mussten mehr als 2000 Jahre lang dazu herhalten, eine angebliche Überlegenheit des Mannes über die Frau zu behaupten,

---

62 Vgl. Maximilian Forschner, *Die stoische Ethik,* Darmstadt ^{2}1995, S. 160ff.

63 Vgl. Hans Welzel, *Naturrecht und materiale Gerechtigkeit,* Göttingen 1962.

nach Aristoteles sollte sogar die Institution der Sklaverei der Naturordnung entsprechen, und noch bis in die jüngste Vergangenheit wurde Homosexualität als »naturwidrig« gebrandmarkt. Gewiss: Beim Thema Menschenwürde geht es heute ganz im Gegensatz dazu um allgemeine Freiheit und Gleichheit. Dies mindert aber nicht unbedingt die Vorbehalte gegen die naturrechtlich-anthropologische Begründungsfigur.

Verzichtet man auf die Vorstellung einer dem Menschen verbindlich vorgegebenen, normativ aufgeladenen menschlichen Wesensnatur, werden die Schwierigkeiten des anthropologischen Ansatzes nicht geringer; sie verlagern sich nur. Die Idee einer jedem Menschen von Natur zukommenden, »angeborenen« Würde könnte dann Anlass zu *naturalistischen Engführungen* geben – etwa zu Versuchen, die Menschenwürde in bestimmten empirisch demonstrierbaren Merkmalen, Eigenschaften oder Fähigkeiten einer Person unmittelbar dingfest zu machen. Ein solches Unterfangen wiederum birgt die Gefahr, dass diejenigen Menschen, an denen sich die geforderten Merkmale nicht – oder nicht im vollen Sinne – aufweisen lassen, implizit oder explizit aus dem Achtungsanspruch herausdefiniert werden.

So hat der damalige Kulturstaatsminister Julian Nida-Rümelin vor einigen Jahren eine scharfe Kontroverse losgetreten, als er die These aufstellte, die entwickelte Fähigkeit eines Individuums zur Selbstachtung bilde die unabdingbare empirische Voraussetzung für die Zuerkennung der Menschenwürde.[64] Konkret ging es ihm

---

[64] Vgl. Julian Nida-Rümelin, *Wo die Menschenwürde beginnt,* in: Der Tagesspiegel vom 3. Januar 2001: »Die Achtung der Menschenwürde ist

um menschliche Embryonen, denen deshalb keine Würde zukomme, weil sie nicht in ihrer Selbstachtung geschädigt werden könnten; denn das Gefühl der Achtung sei bei ihnen ja noch gar nicht vorhanden. Die von Nida-Rümelin formulierte Bindung der Menschenwürde an ein entwickeltes Gefühl der Selbstachtung legte zugleich aber die Frage nahe, ob er damit nicht auch weitere Gruppen von Menschen – zum Beispiel schwer geistig Behinderte oder Komatöse – implizit aus dem Bezugsfeld der Menschenwürde ausgrenze.

Der Gedanke, bei der Menschenwürde handele es sich um einen Bestandteil der natürlichen Ausstattung jedes Individuums, bleibt somit nicht ohne Zweideutigkeit. Zwar ist die Berufung auf die Natur des Menschen typischerweise durch das Interesse motiviert, der Würde dadurch ein festes Fundament zu verleihen und ihre Unbedingtheit zu unterstreichen. Die Figur einer »angeborenen« Würde steht insofern ganz im Sinne der traditionellen Idee eines dem Menschen verbindlich vorgegebenen Naturrechts gegen beliebig zugesprochene gesellschaftliche Etikettierungen. Diese fundierende Funktion kann der Begriff der menschlichen Natur paradoxerweise aber nur dann entfalten, wenn man bewusst davon absieht, die Menschenwürde mit bestimmten empirischen Eigenschaften oder Fähigkeiten eines Individuums unmittelbar zu identifizieren, die sich sonst kriteriologisch womöglich als Hürde für die konkrete Inanspruchnahme der Menschenwürde erweisen könnten. Als Metapher mag die

---

dort angebracht, wo die Voraussetzungen erfüllt sind, dass ein menschliches Wesen entwürdigt werde, ihm seine Selbstachtung genommen werden kann.«

Figur der dem Menschen angeborenen Würde sinnvoll sein. Beim Wort genommen, kann sie hingegen durchaus auf Abwege führen.

Wäre es dann aber nicht besser, auf den Naturbegriff zu verzichten und die Menschenwürde als Resultat gesellschaftlicher Anerkennungsprozesse zu begreifen? Die sogenannte Anerkennungstheorie, in der juristischen Literatur gern als Alternative zur »Mitgifttheorie« angeführt, hat in der Tat den Vorzug, dass sie ohne Rekurs auf den schwierigen Begriff der menschlichen Natur auskommt, der – ganz gleich, ob er als teleologisch-naturrechtliches, schöpfungstheologisch-biblisches oder als empirisch-naturalistisches Konzept aufgefasst wird – im Kontext normativer Reflexion heute generell dem Verdikt des »naturalistischen Fehlschlusses« anheimfällt.[65]

Versteht man die Menschenwürde im Sinne der Anerkennungstheorie als eine von der Gesellschaft *zuerkannte elementare Statusposition,* kann man vor allem auch die leidige Frage umgehen, in welchen »naturalen« Merkmalen die Würde denn besteht und wie solche Menschen angesehen werden sollen, die diese Merkmale nicht – oder nicht im vollen Sinne – aufweisen. Entscheidend für den Status der Würde ist gemäß der Anerkennungstheorie nicht der Nachweis bestimmter psychophysischer Merkmale, Eigenschaften oder Fähigkeiten, sondern allein der *gesellschaftliche Zuspruch,* durch den ein Mensch – und sei es zum Beispiel auch ein in seiner geistigen Entwicklung schwer beeinträchtigter Mensch – in das gesellschaftliche Netzwerk der allseitigen Achtung der Würdesubjekte aufgenommen wird.

---

[65] Vgl. George Edward Moore, *Principia Ethica,* Stuttgart 1970.

Ein Schwachpunkt der Anerkennungstheorie besteht allerdings darin, dass sie leicht dahingehend (miss-)verstanden werden kann, als sei der Zuspruch der Menschenwürde in das *Belieben* der Gesellschaft gestellt, die frei darüber entscheiden könne, wen sie in den Kreis der Würde-Subjekte einbezieht und wen nicht. Unklar in dieser Hinsicht bleibt beispielsweise ein viel zitierter Aufsatz des Staatsrechtlers Hasso Hofmann, der unter dem bezeichnenden Titel *Die versprochene Menschenwürde* erschienen ist. Darin findet sich folgender Schlüsselsatz: »Würde konstituiert sich [...] in sozialer Anerkennung durch positive Bewertung von sozialen Achtungsansprüchen.«[66] Diese Formulierung wirkt zumindest zwiespältig. Was wäre denn, wenn die von Hofmann angesprochene »positive Bewertung« sozialer Achtungsansprüche in einem konkreten Fall, aus welchen Gründen auch immer, nicht zustande käme? Hieße dies, dass der betroffene Mensch aus dem Kreis der Subjekte von Menschenwürde ausgeschlossen wäre?[67] Grundsätzlich gefragt: Bleibt der Akt der Anerkennung der souveränen Verfügung der Gesellschaftsmitglieder überlassen, die einander Würde zusprechen (vielleicht aber auch nicht zuspre-

[66] Hasso Hofmann, *Die versprochene Menschenwürde,* in: Archiv für öffentliches Recht 118 (1993), S. 353–377, hier S. 364. Zustimmend wird dieser Ansatz aufgegriffen von Dreier (wie Anm. 11), Rdnr. 57; Nettesheim (wie Anm. 61), S. 91f.

[67] Hofmann nimmt in seinem Aufsatz eine verfassungsrechtliche Perspektive ein, innerhalb derer der imaginäre Akt des Versprechens auf die partikulare Rechtsgemeinschaft bezogen ist. Dadurch erhält der Begriff der Menschenwürde von vornherein einen partiell exklusiven Charakter. Vgl. S. 375: »Art. 1 Abs. 1 GG hat als Staatsgründungsversprechen für Deutsche und Nicht-Deutsche nicht genau denselben Gehalt.« Zur Kritik an diesem Ansatz vgl. auch Böckenförde, *Bleibt die Menschenwürde unantastbar?* (wie Anm. 8), S. 1120f.

chen), oder handelt es sich um eine Anerkennung, die die Individuen einander vorgängig schulden? Mit nochmals anderen Worten: Unterliegen die Menschen, wenn sie sich gegenseitig den Respekt ihrer Menschenwürde versprechen, *bereits bestehenden Verbindlichkeiten,* oder wird die Achtung der Würde gleichsam aus dem Nichts heraus interaktiv geschaffen? Auf diese Fragen gibt Hofmann keine klaren Antworten, ja er wirft diese Fragen nicht einmal auf.

Eine voluntaristisch gefasste Anerkennungstheorie verkennt, dass alle tatsächlichen oder imaginären normativen Akte, in denen Menschen einander verbindlich Respekt zusprechen, die Achtung der Menschenwürde im Grunde schon *voraussetzen.* Jedes wechselseitige Versprechen impliziert doch, dass die Partner einander als Verantwortungssubjekte bereits respektieren; sonst wäre ein solches Versprechen gar nicht denkbar. Ein Versprechen oder ein Vertrag mit dem Ziel, den für alle normativen Verbindlichkeiten grundlegenden Respekt überhaupt erst zu »schaffen«, wäre daher ein Unding. Nicht das Versprechen schafft die Achtung, sondern umgekehrt bildet die wechselseitige Achtung der Menschenwürde den Ermöglichungsgrund jedes Versprechens. Die Menschenwürde kann durch gesellschaftliche Anerkennungsprozesse folglich nicht eigentlich »konstituiert« werden, wie Hofmann schreibt; sie könnte lediglich in ihrem schon bestehenden Geltungsanspruch noch einmal rituell bekräftigt werden.

Ein drastisches Beispiel dafür, dass die Anerkennungstheorie, jedenfalls wenn man sie voluntaristisch auffasst, Freiräume für beliebige Ausgrenzungen eröffnen kann, bieten die Ausführungen von Guido Löhrer. Er macht die

Akzeptanz von Menschen als Subjekten von Menschenwürde davon abhängig, dass die Betreffenden in der Lage sind, sich innerhalb einer »evaluativen Praxis des Würdigens« als gesellschaftlich nützlich zu behaupten.[68] Die Würde eines Menschen soll also an der »Würdigung« hängen, die er konkret von der Gesellschaft erfährt – oder eben nicht erfährt! Die Konsequenzen dieses Ansatzes spricht Löhrer mit geradezu brutaler Offenheit aus: »Ohne Würdigung [...] keine Würde. Wer zu nichts gebraucht wird und sich in nichts als nützlich erweist, hat, so die Konsequenz, keine Würde.«[69] Konkret bezieht sich dieses Verdikt vor allem auf demente und komatöse Menschen, denen Löhrer nicht einmal im Rückblick auf ihre Lebensleistung Würde zuerkennen will.[70]

Beide konkurrierenden Ansätze weisen damit Schwachpunkte auf, die zumindest zusätzliche Klarstellungen erforderlich machen. Während die Vorstellung einer angeborenen, gewissermaßen zur naturalen Grundausstattung des Menschen gehörenden Menschenwürde das Risiko in sich birgt, dass diese in konkreten empirischen Merkmalen verdinglicht wird, kann die Anerkennungstheorie in Beliebigkeit und Willkür abgleiten. Je für sich allein sind beide Ansätze unzureichend. Die Menschenwürde kann weder mit einer bestimmten dem Menschen von Natur aus zukommenden Eigenschaft (»Mitgift«) identifiziert werden, noch bildet sie das Resultat beliebiger gesellschaftlicher Etikettierungsprozesse.

---

[68] Guido Löhrer, *Geteilte Würde,* in: Angehrn / Baertschi (Hg.) (wie Anm. 5), S. 159–187, hier S. 181.

[69] Löhrer (wie Anm. 68), S. 186.

[70] Vgl. ebd.

In gewisser Weise könnte man die Menschenwürde hingegen als eine »*angeborene soziale Statusposition*« beschreiben – womit dann Elemente beider Ansätze in paradoxer Weise kombiniert wären. Die Würde ist dem Menschen in ähnlicher Weise »angeboren« wie seine elementaren Rechte, deren Grund sie darstellt. Hier wie dort ist der Begriff des »Angeborenen« streng metaphorisch zu fassen. Die Metapher repräsentiert das Moment der *Unbeliebigkeit,* das gegen voluntaristische Vorstellungen gesellschaftlicher Setzung festgehalten zu werden verdient. Allerdings stellt die Würde des Menschen kein natürliches anthropologisches Merkmal dar, das in psychophysischen Eigenschaften oder Fähigkeiten unmittelbar greifbar werden könnte; auch ein »angeborenes Recht« kann ja offensichtlich nicht in diesem Sinne verstanden werden. Vielmehr bezeichnet die Würde eine grundlegende soziale Statusposition, die die normative Interaktion der Menschen konstituiert. Ihr Ort ist nicht die »menschliche Natur« (wie immer diese auch gedacht sein mag), sondern die *Erfahrung normativer Verbindlichkeit überhaupt,* die das nicht weiter hintergehbare Grunddatum von Moral und Recht darstellt. Nur von dorther erschließt sich der axiomatische Status der menschlichen Würde.

Die Metapher einer »angeborenen sozialen Statusposition« klingt sprachlich so, als handele es sich dabei um einen ererbten gesellschaftlichen Titel. Dieser Eindruck weist durchaus in eine sinnvolle Richtung. Freilich wäre dabei klarzustellen, dass es sich bei der Menschenwürde um einen gesellschaftlichen »Erbtitel« handelt, der dem Individuum nicht aufgrund einer partikularen familiären Herkunft zusteht, sondern der ihm schlicht deswegen gebührt, weil er ein Mensch ist. Um noch einmal aus der Präambel der UN-Erklärung von 1948 zu zitieren: Die »inhärente Würde« ist ein Status »aller Mitglieder der menschlichen Familie« und begründet deren »gleiche und unveräußerliche Rechte«.

6. Zur Würde des ungeborenen menschlichen Lebens

Im Zusammenhang der Menschenwürdethematik ist derzeit keine Frage so umstritten wie die, ob und gegebenenfalls ab wann auch dem vorgeburtlichen menschlichen Leben Würde zukommt. Aktuell wird diese Frage weniger am Beispiel des Schwangerschaftsabbruchs diskutiert, um den es in Deutschland seit Langem ruhig geworden ist, als vielmehr im Kontext der Embryonenforschung und der Präimplantationsdiagnostik (PID). Dabei geht es um die Bewertung biotechnischer Möglichkeiten wie etwa des Forschungsklonens oder um die Nutzung der PID zur Feststellung möglicher Erbkrankheiten von *in vitro* gezeugten Embryonen. Nachdem der Bundesgerichtshof im Juli 2010 einen Gynäkologen freigesprochen hat, der sich wegen der Vornahme von PID bei Risikopaaren im Interesse der Rechtsklärung selbst angezeigt hatte,[71] ist der Regelungsbedarf dringlich geworden.

Zunächst einmal ist es ratsam, zwischen Schwangerschaftsabbruch und dem Umgang mit Embryonen klar zu unterscheiden.[72] Bei der moralischen und juristischen

---

[71] Das Urteil des BGH erging am 6. Juli 2010.

[72] Vgl. Sigrid Graumann, *Präimplantationsdiagnostik, embryonale Stammzellforschung und das Regulativ der Menschenwürde*, in: Mat-

Bewertung des Schwangerschaftsabbruchs gilt es zu berücksichtigen, dass der Fötus mit der schwangeren Frau eine temporäre physische Einheit bildet. Das Bundesverfassungsgericht spricht in seinem Urteil zum Schwangerschaftsabbruch von 1993 von einer »Zweiheit in Einheit«.[73] Eine effektive Durchsetzung des Lebensrechts des Fötus gegen den Willen der Schwangeren mittels strafrechtlicher Sanktionen liefe deshalb auf einen staatlichen Geburtszwang hinaus, der für die Betroffene unzumutbare Belastungen mit sich bringen kann. In der Schwangerschaft können sich außerdem existenzielle Dilemma-Situationen ergeben, was ebenfalls dafür spricht, mit moralischen und erst recht mit strafrechtlichen Bewertungen zurückhaltend zu sein. Der vom Bundesverfassungsgericht in seinen beiden einschlägigen Urteilen aufgezeigte Weg, der einerseits prinzipiell am Lebensrecht des Fötus festhält, andererseits aber vom Einsatz des Strafrechts unter Wahrung bestimmter Kautelen weitestgehend absieht, findet daher aus guten Gründen über die politischen Lager hinweg Zustimmung.

Die Situation eines Embryos in der Petrischale ist, wie Sigrid Graumann betont, offenkundig von völlig anderer Qualität. Weder besteht zwischen Forscher beziehungsweise Arzt und Embryo ein leiblicher Zusammenhang, noch sind Dilemma-Situationen vorstellbar, die mit der existenziellen Zerreißprobe einer ungewollten oder riskanten Schwangerschaft vergleichbar wären. In der Debatte um die Bewertung von Embryonenforschung und

---

thias Kettner (Hg.), *Biomedizin und Menschenwürde*, Frankfurt a. M. 2004, S. 122–144.

[73] BVerfGE 88, 203, 253.

PID unmittelbar an die legislativen und gerichtlichen Entscheidungen zum Schwangerschaftsabbruch anzuknüpfen, führt daher in die Irre.[74]

Das Thema kann polarisieren, weil sich daran sowohl hochgespannte Erwartungen als auch schwerwiegende Bedenken knüpfen. Die Hoffnung auf neue medizinische Heilverfahren im Kampf gegen Krebs, multiple Sklerose, Demenz und andere schwere Krankheiten, aber auch das Interesse an der Prävention von Erbkrankheiten insbesondere bei Risikopaaren steht gegen die Befürchtung, die neuen Techniken könnten auf lange Sicht die Achtung der Menschenwürde unterminieren und zu biologistischen Optimierungsvisionen führen, in denen zum Beispiel für Menschen mit Behinderungen kein Platz mehr vorgesehen wäre.

In den skeptischen Einstellungen zu Embryonenforschung beziehungsweise PID ist häufig das Motiv wirksam, die Idee der Menschenwürde in ihrer *Unbeliebigkeit* bewahren zu wollen. Die Anerkennung der Menschenwürde soll frei von willkürlichen Zuschreibungen gehalten werden. Wenn die Würde dem Menschen unabhängig von bestimmten Vorleistungen, also allein aufgrund seines Menschseins, zukommt, muss sie dann nicht konsequenterweise auch dem vorgeburtlichen menschlichen Leben zuerkannt werden? Dass die Menschenwürde nach der oben bereits erörterten metaphorischen Wendung dem Menschen »angeboren« sei, kann jedenfalls nicht als Argument für die Ablehnung der Würde des Ungeborenen gelten; denn es geht bei der Metapher der angeborenen Würde eigentlich um das *Faktum des Menschseins* als sol-

---

[74] Vgl. Graumann, *Präimplantationsdiagnostik* (wie Anm. 72), S. 141f.

ches, nicht um eine temporale Aussage über den Beginn der Menschenwürde. Warum soll der Würdestatus eines Frühgeborenen anders sein als der eines Fötus, der sich im gleichen Entwicklungsstadium befindet, aber noch für einige Wochen im Mutterleib bleibt? Und wenn man sich erst einmal darauf eingelassen hat, die Würde des Menschen auch vor der Geburt anzuerkennen, wie soll man innerhalb der vorgeburtlichen Entwicklung Zäsuren für ihre Zuschreibung finden können, die nicht dem Verdikt des Zufälligen und Willkürlichen anheimfallen?

Das Interesse daran, bei der Zuerkennung des Würdestatus Willkür auszuschließen, bildet ein, wenn nicht *das* entscheidende Motiv auf der Seite derjenigen, die der Embryonenforschung beziehungsweise der PID mit Skepsis gegenüberstehen. Wer die Fragestellung beiseitewischt, indem er es (wie Hossenfelder) schlicht für lächerlich erklärt, »einem willenlosen Zellklumpen Würde zuzusprechen«,[75] oder mit Wetz die ironische Frage aufwirft, ob man denn vorhabe, einen Embryo »als ›Du‹ anzusprechen«,[76] verkennt, dass es sich um eine Grundsatzfrage handelt, an deren Beantwortung der gesellschaftliche Stellenwert der Menschenwürde im Ganzen hängt. Wie wir mit den Ungeborenen umgehen, hat im Übrigen Auswirkungen auch auf die Geborenen und ihr Selbstverständnis.

Selbst unter den schärfsten Gegnern geht allerdings kaum jemand so weit, die gezielte oder hingenommene Tötung von Embryonen auf dieselbe Ebene zu stellen wie die Tötung eines geborenen Menschen. Man mag an der Verwerflichkeit des »Verbrauchs« von Embryo-

---

[75] Hossenfelder (wie Anm. 5), S. 19.

[76] Wetz, *Menschenwürde als Opium fürs Volk* (wie Anm. 4), S. 240.

nen für Forschungszwecke oder diagnostische Verfahren entschieden festhalten – dass es sich dabei um ein Vergehen von der Schwere eines Totschlags oder Mords handelt, wird kaum jemand im Ernst behaupten wollen. Falls diese Beobachtung stimmt, was folgt daraus? Heißt dies nicht, dass auch die Gegner der Embryonenforschung, vielleicht uneingestanden, von einer Grunddifferenz innerhalb des Würdestatus zwischen Ungeborenen und Geborenen – beziehungsweise zwischen der Frühphase embryonalen Menschenlebens und späteren Phasen menschlicher Existenz – ausgehen? Lässt sich die Kontinuitätsthese, wonach die Würde des Menschen vom Zeitpunkt der Zeugung bis zum Tod eine und dieselbe ist, dann aber wirklich in aller Konsequenz durchhalten? Besteht nicht womöglich eine Gefahr (auf die Bernhard Schlink hinweist): nämlich dass die Idee der Menschenwürde durch Überdehnung ihre Evidenz einbüßen könnte?[77] Muss man sich deshalb nicht fragen, ob eine Haltung des »in dubio pro dignitate« nicht auch an Grenzen stoßen könnte, bei deren Ignorierung sie kontraproduktiv wird, also dem Anliegen des kategorischen Würdeschutzes eher schadet?

Es scheint, dass bei der Frage nach dem Status des Embryos zwei moralische Grundintuitionen in einen schwer entwirrbaren Konflikt miteinander geraten. Auf der einen Seite steht das moralische Interesse daran, in Sachen Menschenwürde jeden willkürlichen Ausschluss zu vermeiden und deshalb auch das vorgeburtliche Le-

---

[77] Vgl. Bernhard Schlink, *Die überforderte Menschenwürde,* in: ders., *Vergewisserungen. Über Politik, Recht, Schreiben und Glauben,* Zürich 2005, S. 125–136.

ben von Anfang an voll in den Würdestatus einzubeziehen. Dies kollidiert auf der anderen Seite mit der Intuition, dass die »verbrauchende« Embryonenforschung nicht ernstlich als Mord oder Totschlag qualifiziert werden kann. Polemische Vergleiche mit den Untaten eines Dr. Mengele oder anderer KZ-Ärzte wären offenkundig absurd. Beide konfligierenden Grundpositionen – und dies macht die Sache noch schwieriger – können von dem Motiv getragen sein, den kategorischen Geltungsanspruch der Menschenwürde zu verteidigen, den die eine Seite durch einen willkürlichen Ausschluss vorgeburtlichen Lebens, die andere Seite hingegen durch eine eventuelle Überdehnung des Würdekonzepts gefährdet sieht.

Um diesen Widerstreit moralischer Grundintuitionen aufzulösen, hat Jürgen Habermas den Begriff der »Würde des vorpersonalen menschlichen Lebens« in die Debatte eingebracht.[78] Er unterscheidet sie von der eigentlichen Menschenwürde, die er den geborenen Menschen vorbehält. Während die Menschenwürde ihrem Trägersubjekt eine grundrechtliche Statusposition verleihe, komme dem vorpersonalen menschlichen Leben kein individueller Grundrechtsstatus zu. Gleichwohl dürfe auch über das vorpersonale menschliche Leben nicht willkürlich verfügt werden. Habermas erkennt ihm zwar *keine individuelle »Unantastbarkeit«*, wohl aber eine *generelle »Unverfügbarkeit«* zu, aus der sich Grenzen eines legitimen Umgangs mit Embryonen und Föten ergeben.

---

[78] Vgl. Jürgen Habermas, *Die Zukunft der menschlichen Natur. Auf dem Weg zu einer liberalen Eugenik?* (erw. Ausgabe), Frankfurt a. M. 2005, S. 56ff., insbes. S. 59.

Die Pointe seiner Ausführungen besteht in der Indirektheit, mit der Habermas die Zuerkennung eines eigenständigen, kategorial differenten Würdestatus für das ungeborene menschliche Leben begründet. Bezugspunkt seiner Überlegungen ist stets das *Selbstverständnis der geborenen Menschen,* insbesondere das gesellschaftliche Bewusstsein für Autonomie und Gleichheit. Habermas gibt zu bedenken, dass eine sich allmählich etablierende Praxis eugenischer Selektion und Manipulation das Bild des Menschen von sich selbst im Laufe der Zeit einschneidend verändern könnte. Zunächst gilt dies für die unmittelbar Betroffenen: Wer im Wissen aufwächst, dass er oder sie das Ergebnis bewusster Wahlentscheidungen der Eltern – und entsprechender gezielter Eingriffe – darstellt, wird sich womöglich schwerer tun, ein Bewusstsein persönlicher Autonomie zu entwickeln. Habermas wirft die Frage auf, ob das Autonomiebewusstsein nicht grundsätzlich davon abhängt, dass jeder Mensch seinen eigenen »natürlichen« Anfang hat, dem zwar alle möglichen Wünsche, Erwartungen und Hoffnungen der Eltern vorausgehen, aber eben keine gezielte Programmierung der gewünschten Eigenschaften.[79] Auch das auf prinzipielle Gleichheit angelegte Beziehungsmuster in der modernen Gesellschaft könnte seiner Einschätzung nach Schaden leiden, wenn sich die Eltern-Kind-Relation in Richtung eines Verhältnisses technischer Programmierung verschieben sollte. Die temporäre Asymmetrie, die zwischen den Generationen natürlicherweise besteht, würde sich auf diese Weise ten-

---

[79] Vgl. Habermas, *Die Zukunft der menschlichen Natur* (wie Anm. 78), S. 103f.

denziell zu einer irreversiblen Verfügungsmacht über die Nachgeborenen verhärten.[80]

Die von Habermas vorgetragenen Bedenken beschränken sich nicht auf vermutete Auswirkungen auf die von etwaigen eugenischen Praktiken unmittelbar Betroffenen, sondern beziehen sich mehr noch auf die Gesellschaft im Ganzen. Ihn beschäftigen in seinen »gattungsethischen« Überlegungen letztlich die *Zukunft des Bildes, das die Menschheit von sich selbst hat,* und die mit substanziellen Verschiebungen dieses Bildes womöglich verbundenen Folgen für Moral und Recht. Seine Vermutung geht dahin, dass moralische und rechtliche Grundsatzpositionen durchaus von gattungsethischen Voraussetzungen abhängen könnten, die in der Vergangenheit eher im Hintergrund geblieben sind, durch die modernen Eingriffsoptionen nun aber explizit zum Thema werden müssen. »Wie wir mit menschlichem Leben vor der Geburt (oder mit Menschen nach ihrem Tod) umgehen, berührt unser Selbstverständnis als Gattungswesen. Und mit diesem gattungsethischen Selbstverständnis sind die Vorstellungen von uns als moralischen Personen eng verwoben. Unsere Auffassungen von – und unser Umgang mit – vorpersonalem menschlichem Leben bilden sozusagen eine stabilisierende gattungsethische Umgebung für die vernünftige Moral der Menschenrechtssubjekte – einen Einbettungskontext, der nicht wegbrechen darf, wenn nicht die Moral selbst ins Rutschen kommen soll.«[81]

---

[80] Vgl. Habermas, *Die Zukunft der menschlichen Natur* (wie Anm. 78), S. 90; 107.

[81] Habermas, *Die Zukunft der menschlichen Natur* (wie Anm. 78), S. 115.

Welche praktischen Konsequenzen sich aus diesem vermuteten Zusammenhang ergeben, lässt Habermas im Einzelnen offen; er versteht seine Überlegungen als Grundsatzreflexion, nicht als konkrete Handlungsanweisung für Gesetzgebung und Rechtsprechung. Generell plädiert er aber dafür, gegenüber den Projekten der Embryonenforschung oder den Möglichkeiten der PID eine zurückhaltende Linie zu fahren. Der von ihm vorgeschlagene Begriff der »Unverfügbarkeit« bleibt zwar hinter der »Unantastbarkeit« der individuellen Menschenwürde zurück, steht aber für diese gattungsethisch gebotene generelle Vorsicht im Umgang mit »vorpersonalem« menschlichem Leben.[82]

Die von Habermas vorgeschlagene Differenz zwischen personalem und vorpersonalem menschlichem Leben – mit je unterschiedlichem rechtlichem Status – wirft naturgemäß schwierige Fragen auf. Wie plausibel ist diese Unterscheidung? Ist sie überhaupt durchführbar? Wo genau verläuft die Grenze, und welche Konsequenzen ergeben sich aus der Grenzziehung und den dafür angeführten Sachgründen? Habermas selbst setzt die entscheidende Zäsur bei der Geburt an, mit der der Mensch in den gesellschaftlichen Kommunikationskon-

[82] Vgl. Habermas, *Die Zukunft der menschlichen Natur* (wie Anm. 78), S. 149. Die Art und Weise, wie Dreier die Ausführungen von Habermas in diesem Zusammenhang zitiert (in den Fußnoten 179 und 264, zu Rdnr. 57 bzw. 84 seiner Kommentierung zu Art. 1 Abs. 1 GG), macht deutlich, dass er die Aussagen von Habermas gleichsam halbiert und ihre kritische Pointe ausblendet. Zwar geht Habermas wie Dreier davon aus, dass die personale Menschenwürde dem Menschen erst per Geburt zukommt. Die argumentative Grundrichtung seines Essays zielt aber gerade auf die Begründung einer spezifischen »Unverfügbarkeit« auch des vorgeburtlichen menschlichen Lebens, der Dreier von vornherein keinen Raum gibt.

text eintritt.[83] Seine Begründung dafür bleibt jedoch unscharf. Warum soll die gesellschaftliche Kommunikation genau zu diesem Zeitpunkt einsetzen? Gibt es nicht die Erfahrung, dass werdende Eltern auch mit dem Ungeborenen bereits eine Form vorsprachlicher »Kommunikation« beginnen können? Der Gegeneinwand, dass diese Kommunikation nur im kleinsten Kreise stattfindet, würde nicht verfangen, weil auch das Kleinkind, dem Habermas ja Grundrechtsstatus zuerkennt, oft nur einen sehr engen Bezugskreis hat. Warum sollte man nicht andere Zäsuren als den Zeitpunkt der Geburt nehmen – beispielsweise die Individuation, das heißt den Zeitpunkt, an dem sich herausstellt, ob aus dem Embryo ein einziges oder mehrere Individuen entstehen?

Ich gestehe, auf diese und ähnliche Fragen für mich selbst noch keine klare Antwort gefunden zu haben. Die Rückbindung der Personalität an die Individuation scheint mir jedoch weit plausibler zu sein als der von Habermas angegebene Zeitpunkt der Geburt, der mir eher zufällig gewählt vorkommt. Denn richtig ist, dass der Status der Menschenwürde stets einem *Individuum* zukommt. Die temporale Zäsur für die Habermas'sche Unterscheidung zwischen einem individuellen Trägersubjekt unantastbarer Menschenwürde und dem generell unverfügbaren menschlichen Leben würde damit allerdings weit nach vorn gerückt auf einen Zeitpunkt, der dem der Nidation entspricht. Dies stünde im Übrigen auch in Kontinuität zu Überlegungen des Bundesverfassungsgerichts, wonach »Leben im Sinne der geschicht-

---

[83] Vgl. Habermas, *Die Zukunft der menschlichen Natur* (wie Anm. 78), S. 65.

lichen Existenz eines menschlichen Individuums [...] jedenfalls vom 14. Tag nach der Empfängnis (Nidation, Individuation) an« bestehe.[84] Diese in seinem Urteil von 1975 entwickelte Linie hat das Gericht auch in seinem zweiten Urteil zum Schwangerschaftsabbruch von 1993 beibehalten: »Jedenfalls in der so bestimmten Zeit der Schwangerschaft [nämlich von der Nidation bis zur Geburt, H. B.] handelt es sich bei dem Ungeborenen um individuelles, in seiner genetischen Identität und damit in seiner Einmaligkeit und Unverwechselbarkeit bereits festgelegtes, nicht mehr teilbares Leben, das im Prozess des Wachsens und Sich-Entfaltens sich nicht erst zum Menschen, sondern als Mensch entwickelt [...]«.[85]

In jedem Fall hat Habermas mit seinem gattungsethischen Ansatz eine neue, eigenständige Diskussionsebene eröffnet. Auch wenn es sich in einer schwierigen gesellschaftlichen Debattenlage als unmöglich erweisen sollte, eine Einigung über den moralischen und rechtlichen Status des Embryos als solchen zu finden, könnte es vielleicht gelingen, sich doch zumindest über die *mittelbaren Konsequenzen* zu verständigen, die der Umgang mit Embryonen für die Gesellschaft im Ganzen hat. Was bedeutet es für das Selbstverständnis der Gesellschaft, wenn vorgeburtliches menschliches Leben in seinem Frühstadium Gegenstand »verbrauchender Forschung« werden kann? Wie wird sich eine Gesellschaft entwickeln, in der sich biotechnische »Optimierungsoptionen«, beginnend mit plausiblen Projekten präventiver Krankheitsbekämpfung, immer mehr durchsetzen und immer tiefer

---

[84] BVerfGE 39, 1, 37.

[85] BVerfGE 88, 203, 251f.

reichende Eingriffsmöglichkeiten eröffnen? Was bedeutet dies für das Verständnis von Elternschaft und das Verhältnis der Generationen zueinander? Wie wird eine solche Gesellschaft mit chronisch Kranken oder behinderten Menschen umgehen? Wird sie beispielsweise diejenigen Eltern, die sich aus Überzeugung weigern, von den Möglichkeiten der Präimplantationsdiagnostik Gebrauch zu machen, ganz oder teilweise aus der solidarischen Gesundheitsfinanzierung ausschließen? Es lässt aufhorchen, wenn die Nutzung der PID für Risikopaare gelegentlich schon als eine mögliche staatliche Pflicht ins Gespräch gebracht wird.[86]

Die rasante Entwicklung der Biotechnologie konfrontiert uns mit Fragen, auf die wir vielfach noch keine klaren Antworten wissen und zu denen mit jeweils guten Gründen unterschiedliche Positionen vertreten werden.[87] Dass allein der Rekurs auf die Menschenwürde solche Antworten nicht liefern kann, versteht sich von selbst; denn die Idee der Menschenwürde fungiert nicht als ein Deduktionsprinzip, von dem her sich ohne Weiteres materiale Normen generieren ließen. Dass eine *Ausklammerung* des vorgeburtlichen Lebens – auch im embryonalen Stadium – aus dem Achtungsanspruch der Würde hingegen kein gangbarer Weg wäre, macht Dietmar Mieth an einem fiktiven, aber durchaus realistischen Beispiel deutlich: »Ein Behinderter, dem man erzählt, man möchte

---

[86] So gibt Horst Dreier vorsichtig zu erkennen, dass PID für Risikopaare möglicherweise »verfassungsrechtlich geboten« sei (wie Anm. 11, Rdnr. 98).

[87] Vgl. Markus Düwell, *Der moralische Status von Embryonen und Feten*, in: Markus Düwell / Klaus Steigleder (Hg.), *Bioethik. Eine Einführung*, Frankfurt a. M. 2003, S. 221–229.

einen Embryo selektieren, weil er oder sie die gleiche Behinderung hat, sagt, dann wäre ja ›ich‹ selektiert worden.«[88] Zwischen vorgeburtlichem und nachgeburtlichem menschlichem Leben besteht eben doch ein Zusammenhang, dessen Zerschneidung nicht ohne Auswirkungen auf das Gewebe zwischenmenschlicher Verbindlichkeiten bleiben kann.

---

[88] Dietmar Mieth, *Menschenbild und Menschenwürde angesichts des Fortschritts der Biotechnik,* in: Rolf J. Lorenz / Dietmar Mieth / Ludolf Müller (Hg.), *Die »Würde des Menschen« beim Wort genommen,* Tübingen 2003, S. 59–78, hier S. 71.

III. Universale Gleichheit

1. Gleichheit als Folge personaler Unvertretbarkeit

»Alle Menschen sind frei und an Würde und Rechten gleich geboren.« Dieser mit Abstand am meisten zitierte Satz aus der Allgemeinen Erklärung der Menschenrechte repräsentiert das universalistische und egalitäre Verständnis der Menschenwürde.[89] Sprachlich geschieht dies in der UN-Erklärung prägnanter noch als im deutschen Grundgesetz. Dass gleichwohl auch das grundgesetzliche Postulat der unantastbaren Menschenwürde nur im universalistisch-egalitären Sinne gemeint sein kann, zeigt sich schon grammatisch an der Singularform, in der die Würde dabei zur Sprache kommt. Diese Beobachtung erweist sich als keineswegs trivial, wenn man bedenkt, dass der Begriff der Würde *(dignitas)* im vormodernen Sprachgebrauch vor allem die gestuften »*dignitates*« (im Plural!) innerhalb einer hierarchischen Ämter- oder Ständeordnung bezeichnete.[90] So lehnte Cicero die egalitäre Demokratie mit dem Argument ab, »dass sie keine Grade der Würde« kenne und deshalb

---

[89] Vgl. Klaus Dicke, *Die der Person innewohnende Würde,* in: Heiner Bielefeldt u. a. (Hg.), *Würde und Recht des Menschen.* Festschrift für Johannes Schwartländer zum 70. Geburtstag, Würzburg 1992, S. 161–182.

[90] Vgl. Viktor Pöschl / Panajotis Kondylis, *Artikel »Würde«,* in: *Geschichtliche Grundbegriffe. Historisches Lexikon zur politisch-sozialen Sprache in Deutschland,* hg. von Otto Brunner / Werner Conze / Reinhard Koselleck, Stuttgart 1978, Bd. 7, S. 637–677.

ihrer Struktur nach ungerecht sei.[91] Wir würden heute exakt das Gegenteil sagen.

Der Begriff der Würde hat im Laufe der Zeit einen bemerkenswerten semantischen Wandel, ja eine Umkehrung seiner Kernbedeutung erfahren. Denn die Menschenwürde im modernen Verständnis unterscheidet sich von den abgestuften »Würdigkeiten« innerhalb der hierarchischen Ständegesellschaft gerade durch ihre dezidiert egalitäre Ausrichtung. Als universalistisch-egalitäres Attribut ist der Begriff der Würde heute auch, anders als im traditionellen Sprachgebrauch, klar vom Begriff der Ehre zu unterscheiden, der typischerweise an vorgegebene gesellschaftliche Rollenerwartungen, Statuspositionen oder auch persönliche Verdienste geknüpft wird.[92]

Dass es innerhalb der Menschenwürde keine Abstufungen geben kann, gründet zuletzt in ihrem axiomatischen Status. Was mit Kants Worten »kein Äquivalent verstattet«, kann folglich nicht wie eine Rechengröße mit anderen Werten vergleichend in Beziehung gesetzt werden. »Absolute worth is noncomparative«, schreibt Allan Wood. Und er fügt hinzu: »The thesis that every rational being is an end in itself with absolute worth has an immediate but radical corrolary: The worth of all rational beings is equal.«[93]

---

[91] Cicero, De re publica I,43: »ipsa aequabilitas est iniqua, cum habet nullos gradus dignitatis«.

[92] Vgl. Peter Berger, *On the Obsolescence of the Concept of Honour,* in: Michael Sandel (Hg.), *Liberalism and its Critics,* New York 1984, S. 149–158.

[93] Allan W. Wood, *Kant's Ethical Thought,* Cambridge 1999, S. 132. Unter dem Vernunftsubjekt (bei Wood als »rational being« übersetzt) ist im Kontext der praktischen Philosophie Kants das Verantwortungssubjekt zu verstehen, nicht das Subjekt rein instrumenteller Rationalität.

Die Unverrechenbarkeit der Würde verlangt danach, den Menschen in seiner Einmaligkeit zu respektieren. *Vergleichbar* sind die Menschen nur in ihrer *Unvergleichlichkeit,* also in ihrer unvertretbaren Besonderheit, die aber eben bei jedem und bei jeder zu respektieren ist. In der Menschenwürde fallen das Allgemeine und das Besondere somit in paradoxer Einheit zusammen. Wie Robert Spaemann betont: »Menschen sind als Menschen einander mehr oder weniger ähnlich. Als Personen sind sie nicht ähnlich, sondern gleich, und zwar darin, dass sie jeweils einmalig und in ihrer Würde inkommensurabel sind.«[94]

Die Einsicht in die unverrechenbare Würde jedes Menschen macht den normativen Kern des modernen politisch-rechtlichen Gleichheitsanspruchs aus, der sich institutionell vor allem in Demokratie und Menschenrechten niederschlägt. Die Geschichte der modernen Gleichheitsbewegungen erstreckt sich von den ersten, vielfach christlich motivierten Antisklaverei-Kampagnen in Neuengland über die demokratischen Revolutionen in Amerika und Frankreich und später die Gewerkschafts- und Kreditgenossenschaftsorganisationen der Industriearbeiterschaft bis zu den Entkolonialisierungskämpfen nach dem Zweiten Weltkrieg oder zur jüngeren Welle des Feminismus. Sie bleibt als Lerngeschichte prinzipiell unabgeschlossen. Der von konservativen Kritikern des modernen Gleichheitsanspruchs – wie Edmund Burke, Friedrich Nietzsche oder Arnold Gehlen – über zwei Jahrhunderte hinweg immer wieder erhobene Vorwurf der »Vermassung« und neidbasierten »Nivellierung« mag zwar man-

[94] Robert Spaemann, *Personen. Versuche über den Unterschied zwischen »etwas« und »jemand«*, Stuttgart 1996, S. 196.

che populistischen Entgleisungen moderner Politik treffen, verkennt aber von vornherein das eigentliche moralische Anliegen, das sich im politisch-rechtlichen Kampf gegen diskriminierende Ungleichheit meldet. Es geht dabei gerade nicht um eine ressentimentgeladene »Verkleinerung des Menschen zum vollkommenen Herdentiere«, wie Nietzsche gemeint hat.[95] Vielmehr lässt sich das moralische Motiv der Gleichheitsbewegungen retrospektiv von einem universalistischen Verständnis der Menschenwürde her dechiffrieren, das danach drängt, die Gesellschaft politisch-rechtlich zu transformieren. Die Universalität der Würde aber ist das genaue Gegenteil von Uniformität und abstrakter Gleichmacherei. Denn sie impliziert die Anerkennung eines jeden Individuums in *unvertretbarer Besonderheit* und verlangt zugleich, dass diese Anerkennung in jeweiliger Besonderheit nicht auf einen partikularen Kreis privilegierter Individuen beschränkt wird.

Im Horizont der Menschenwürde sind Gleichheit und Besonderheit nicht nur keine unüberwindlichen Gegensätze, wie dies oft behauptet wurde, sondern setzen einander wechselseitig voraus. Die in der Inkommensurabilität der Menschenwürde begründete Gleichheit ist immer darauf gerichtet, das Selbstsein des Menschen in Freiheit zur Anerkennung zu bringen, aber eben so, dass es kein Privileg begünstigter Individuen bleibt. Ausgerechnet die Einsicht in die Unverrechenbarkeit der Würde mündet somit notwendig in die Forderung, sie allen Menschen in gleichem Maße zuzusprechen und aus diesem Zuspruch praktische Konsequenzen zu ziehen.

---

[95] Friedrich Nietzsche, *Jenseits von Gut und Böse,* Aphorismus 203 (Kröner-Ausgabe, Stuttgart 1976), S. 117.

Die Menschenwürde ist ein universales und egalitäres Attribut oder sie ist gar nicht.

2. Gegen alte und neue Hierarchien: Würde ohne Vorleistungen

Der konzeptionelle Wandel, den die Anerkennung der gleichen Würde aller Menschen bedeutet, schlägt sich im alltäglichen Sprachgebrauch freilich nicht immer eindeutig nieder. Das semantische Feld der »Würde« bleibt auch in der Gegenwart von Unschärfen und Mehrdeutigkeiten geprägt, und die Würde begegnet darin gelegentlich auch als Ungleichheitsbezeichnung. Ab und zu klingt ein traditioneller Sprachgebrauch nach, in dem die »dignitas« sozusagen von der Breite des Purpurstreifens auf einer Amtsstola abhängig war. Die »Würdenträger« sind keineswegs vollständig aus unserer Sprache verschwunden. Sie lassen sich aber in der Regel leicht erkennen und bieten kaum Anlass für ernsthafte Verwechslungen. Dass sich die »Doktorwürde« einer Wissenschaftlerin oder die »Amtswürde« eines Ministers kategorial auf einer völlig anderen Ebene bewegen als die allgemeine Menschenwürde, leuchtet sofort ein, so dass sich Klarstellungen eigentlich erübrigen.

Abgesehen vom Gegensatz zwischen einem traditionell-hierarchischen Würdeverständnis einerseits und dem universalistischen Begriff der Menschenwürde andererseits gibt es jedoch noch einen dritten Sprachgebrauch, der durchaus zu ernsten Missverständnissen und Verwechslungen führen kann und deshalb kritische Aufmerksamkeit verlangt. Ich nenne diesen Sprachgebrauch »meritokratisch«, da es dabei um eine spezifische Leistungsbewertung individuellen Verhaltens geht. Der Begriff der Würde bezieht sich in diesem Sprachgebrauch zwar potenziell auf *jeden Menschen* (ist also nicht von vornherein auf einen partikularen Kreis von »Würdenträgern« eingeschränkt), dient aber gleichwohl zur Beschreibung gerade von *Unterschieden* zwischen den Menschen, nämlich hinsichtlich ihres mehr oder weniger »würdigen« Auftretens und Verhaltens.

Ein klassisches Beispiel für diese meritokratische Verwendungsweise des Würdebegriffs bietet Schillers Abhandlung *Über Anmut und Würde*. Die Würde firmiert darin als »Ausdruck einer erhabenen Gesinnung«,[96] wie sie sich in einem Individuum exemplarisch manifestiert. Besonders eindrucksvoll geschieht dies nach Schiller in Situationen, in denen der Mensch sich erfolgreich gegen den Ansturm der Leidenschaften behauptet und dadurch seine charakterliche Überlegenheit unter Beweis stellt. »Bei der Würde also führt sich der Geist in dem Körper als *Herrscher* auf, denn hier hat er seine Selbständigkeit gegen den gebieterischen Trieb zu behaupten, der ohne ihn zu Handlungen schreitet, und sich seinem Joch gern entziehen möchte.«[97] Der Würde ist in Schillers Sprachgebrauch ein Element des Männlich-Heroischen eigen, durch das sie sich von der eher feminin konnotierten »Anmut« unterscheidet.[98] Für Anmut und Würde gilt indessen gleichermaßen, dass sie gelingen wie auch miss-

---

[96] Friedrich Schiller, *Über Anmut und Würde*, in: *Ausgewählte Werke*, hg. von Ernst Müller, Stuttgart 1954, S. 193–258, hier S. 236.

[97] Schiller (wie Anm. 96), S. 244f. (Hervorhebung im Original).

[98] Dies ist nur ein Beispiel für Gender-Klischees, die sich auch in der Aufklärungsphilosophie und im Deutschen Idealismus zuhauf finden.

lingen können. Und dies ist der entscheidende Punkt: Wenn eine Bewährungsprobe für die Würde negativ ausgeht, so bedeutet dies folglich, dass der Mensch seine Würde auf Zeit oder sogar auf Dauer einbüßt. Im Erfolgsfall kann sie umgekehrt auch gesteigert werden. Sowenig alle Menschen gleichermaßen »anmutig« sind, so wenig haben sie nach Schiller alle die gleiche Würde.

Obwohl Schiller sich Kant philosophisch nahe fühlte und in seiner Zeit als Kantianer galt, gehen die Ausführungen beider über die Würde weit auseinander. Unter einem und demselben Titel verhandeln sie letztlich vollkommen unterschiedliche Gegenstände. Während es Kant um den Menschen in seiner grundlegenden sittlichen Bestimmung geht, beschreibt Schiller die empirische Charakterstärke, wie sie sich in einem herausragenden Individuum angesichts widriger Umstände bewährt. Während Kant die Würde gerade dadurch definiert, dass sie etwas Unvergleichliches ist, das »keinerlei Äquivalent verstattet«, lädt Schillers Herangehensweise umgekehrt dazu ein, Menschen in ihren unterschiedlichen Formen »würdiger« Selbstbehauptung zu vergleichen. Bei Kant steht die Würde für etwas Unverbrüchliches, bei Schiller für eine individuelle charakterliche Haltung, die gefährdet bleibt und stets aufs Neue errungen werden muss. In Kants Sprachgebrauch kommt die Würde als Gleichheitsbegriff zum Tragen, bei Schiller hingegen als Ungleichheitsbegriff.

Die beiden Verwendungsweisen des Begriffs Würde – die axiomatische Statusposition jedes Menschen als gleiches Subjekt von Achtung einerseits und die Qualifizierung eines bestimmten menschlichen Charakters oder Verhaltens als mehr oder weniger »würdevoll« andererseits –

begegnen uns auch in der Alltagssprache, wobei beide Varianten sprachlich oft nebeneinanderstehen oder ineinander übergehen können. Missverständnisse sind hierdurch geradezu vorprogrammiert. Denn der Sache nach sind die beiden sprachlichen Verwendungsweisen nicht nur unterschiedlich, sondern in vieler Hinsicht gegenläufig. Wenn man sie nicht trennscharf auseinanderhält, kann die Semantik der Menschenwürde unter der Hand heroische oder meritokratische Züge annehmen. Das Prädikat der Menschenwürde verschiebt sich dann in Richtung einer besonderen Auszeichnung, die sich die Menschen durch persönliche Leistungen erst erwerben müssen. Dabei können die Kriterien meritokratischer Würdezuschreibung im Einzelnen höchst unterschiedlich definiert sein – beispielsweise durch Frömmigkeitsleistungen, stoische Unerschütterlichkeit, kommunikative Souveränität oder sonstige Fähigkeiten.

Der bekannteste Vertreter einer dezidierten *Leistungstheorie der Menschenwürde* ist Niklas Luhmann.[99] Ähnlich wie Schiller legt er Wert auf die Feststellung, dass die Würde als eine kommunikative Leistung personaler Selbstdarstellung besondere Anstrengungen verlangt, immer wieder aufs Neue zur Bewährung ansteht und dabei gelingen oder auch misslingen kann. Weit entfernt davon, etwas »Unantastbares« zu sein, ist die Würde nach Luhmann ein stets prekäres, höchst verletzliches Gut.[100] Eine rechtliche Garantie der Menschenwürde im eigentlichen Sinne wäre für ihn eine Sache der Unmög-

---

[99] Vgl. Niklas Luhmann, *Grundrechte als Institution,* Berlin ^{4}1999, S. 53ff.

[100] Vgl. Luhmann (wie Anm. 99), S. 69.

lichkeit.[101] Die Aufgabe der Rechtsordnung beschränkt sich seiner Ansicht nach darauf, dem Menschen bestimmte äußere Rahmenbedingungen zu gewährleisten, die die Selbstdarstellung des Individuums als Subjekt personaler Würde erleichtern können, wobei es jedem Einzelnen überlassen bleibe, ob, wie und in welchem Maße er davon Gebrauch macht und seine eigene Würde verwirklicht. In Luhmanns Worten: »Seine Würde hat der Mensch also in erster Linie selbst zu verantworten.«[102]

Was Luhmann in seiner Interpretation von Art. 1 Abs. 1 des Grundgesetzes unter »Würde« versteht, hat mit der Menschenwürde in einem universalistischen Sinne freilich nichts gemein. Weit eher ließen sich seine Ausführungen auf das Recht auf freie Entfaltung der Persönlichkeit beziehen, wie es im Grundgesetz in Art. 2 Abs. 1 gewährleistet wird. Für die Persönlichkeitsentfaltung gilt unstreitig, dass sie gelingen oder auch misslingen kann. Es gibt Beispiele, die uns Bewunderung abnötigen, aber auch Fälle offensichtlichen Scheiterns, die eher Mitleid heischen. Persönlichkeitsentfaltung bleibt jedenfalls, bei aller Abhängigkeit von günstigen Rahmenbedingungen, letztlich eine Leistung des Individuums. Was die Rechtsordnung gewährleisten kann, ist nicht die Persönlichkeitsentfaltung als solche, sondern lediglich das *gleiche Recht eines jeden Menschen,* sich selbst *in Freiheit* Ziele persönlicher Lebensgestaltung zu setzen und auch den Weg dorthin selbst zu bestimmen – mit allen Risiken des Scheiterns. Im landläufigen Sprachgebrauch können

---

[101] Vgl. Luhmann (wie Anm. 99), S. 72: »Grundrechte gewährleisten weder Freiheit noch Würde. Das steht nicht in der Macht des Staates.«

[102] Luhmann (wie Anm. 99), S. 73, Anm. 54.

gelungene Persönlichkeitsentfaltung und persönliche »Würde« eng zusammenrücken. Einem Menschen, der als »echte Persönlichkeit« beeindruckt, attestiert man gern auch eine besondere »Würde«. Insofern knüpft Luhmann an von der Alltagssprache gedeckte Plausibilitäten an. Als Interpretament der universalen Menschenwürde kann sein meritokratischer Ansatz aber nicht überzeugen, weil er in seinen Ausführungen die axiomatische Ebene der Würde gar nicht erreicht. Mit Kant gesprochen, stuft er die Würde vielmehr auf das Niveau eines bloßen »Affektionspreises«[103] zurück. Als ergänzende Fortsetzung des Rechts auf freie Persönlichkeitsentfaltung kann die Luhmann'sche Menschenwürde allenfalls noch eine Nebenrolle im Gefüge der Grund- und Menschenrechte spielen.[104]

Nicht frei von meritokratischen Komponenten ist auch das »gelingensethische« Konzept der Menschenwürde, für das Arnd Pollmann eintritt. Auch wenn er stärker als Luhmann die Relevanz äußerer sozialer Umstände anspricht und ab und an einen sozialkritischen Ton anschlägt, geht er davon aus, »dass die Bewahrung der Menschenwürde immer zumindest *auch* von der Kraft der Betroffenen abhängt«.[105] Folglich müsse die

---

[103] Vgl. Kant, *Grundlegung zur Metaphysik der Sitten*, AA IV, S. 435 (BA 77).

[104] Die Nähe zwischen dem Grundsatz der Menschenwürde in Art. 1 Abs. 1 GG und dem Recht auf freie Persönlichkeitsentfaltung gemäß Art. 2 Abs. 1 GG betont Luhmann (wie Anm. 99) selbst auf S. 77: »Die Würde bezieht sich auf die inneren, die Freiheit auf die äußeren Bedingungen und Probleme der Selbstdarstellung als individuelle Persönlichkeit.«

[105] Christoph Menke / Arnd Pollmann, *Philosophie der Menschenwürde. Eine Einführung*, Hamburg 2007, S. 143 (Hervorhebung im Original). Die hier im Folgenden zitierten Passagen stammen aus der Feder

Würde je nach sozialen Lebensumständen und individueller Lebensweise abgestuft werden: »Nicht alle Menschen und nicht einmal alle Personen haben die volle Würde [...]«.[106] Pollmann legt zwar Wert darauf, dass alle Menschen gleichermaßen am *rechtlichen Schutz* der Würde partizipieren, den er »im Sinne eines Freiraums der Würdedarstellung« versteht.[107] Der so gefasste rechtliche Würde*schutz* solle universalistisch und egalitär ausgestaltet sein, für die Würde selbst könne dies aber gerade nicht gelten, da sie von vielen Variablen und nicht zuletzt eben doch auch von der Leistung der Individuen abhängig sei. Auch hinsichtlich des von Pollmann vorgetragenen Konzepts drängt sich die Frage auf, welche Funktion die Menschenwürde innerhalb seiner Philosophie der Menschenrechte überhaupt übernehmen soll. Diesbezüglich bleibt Pollmann klare Antworten schuldig. Für eine eigentlich tragende, begründende Rolle kommt der Begriff der Würde aufgrund seiner partiell meritokratischen Auffassung in Pollmanns Menschenrechtsphilosophie wohl eher nicht in Frage. Von daher bleibt vermutlich nur seine Einordnung in das Gefüge menschenrechtlicher Einzelnormen, vielleicht als eine Art Auffangrecht, analog zur Funktion der freien Persönlichkeitsentfaltung innerhalb des Grundgesetzes.

Eine neuere Variante eines anti-egalitären Würdeverständnisses hat kürzlich Stefan Lorenz Sorgner vorgelegt. Seine Inspirationsquellen sind einerseits Nietzsches Vision eines künftigen »Übermenschen«, mit der dieser sei-

---

von Pollmann, dem Menke im darauf folgenden Abschnitt sein unzweideutig egalitäres Würdekonzept entgegensetzt.

[106] Menke / Pollmann (wie Anm. 105), S. 145.

[107] Menke / Pollmann (wie Anm. 105), S. 144.

ne Kritik an der »Sklavenmoral« universaler Gleichheit überbaut, und andererseits neuere technokratische Vorstellungen eines Posthumanismus, der durch Projekte eines »genetic enhancement« aktiv vorangetrieben werden solle. Die praktisch-politischen Konsequenzen dieses Ansatzes bleiben verschwommen. Zwar will Sorgner die Menschenwürde nicht vollends verwerfen. »Jedoch wird [...] zumindest eine Revision des Menschenwürde-Begriffs nahegelegt, in dessen Rahmen der Mensch nicht mehr eine Sonderstellung in der Welt einnimmt, sondern eine in die Welt integrierte Stellung. Dies hätte zur Folge, dass sich der Würdebegriff dann von einem nicht graduierbaren zu einem graduellen wandeln würde.«[108] Sorgner zerschneidet somit *expressis verbis* jeden Zusammenhang von Würde und Gleichheit, den er unter Hinweis auf jüngere posthumanistische Projekte schlicht als »unzeitgemäß« beiseiteschiebt.[109] Demgegenüber macht er sich für einen »hierarchisierbaren« Begriff der Würde stark,[110] der nach unten hin für nichtmenschliche Lebewesen und nach oben hin für eine nicht näher erläuterte »Würde des Posthumanen«[111] offengehalten werden solle. Welchen Inhalt der Begriff der Menschenwürde in Sorgners Spekulationen noch haben könnte, geht aus seinen Ausführungen nicht hervor.

Assoziationen des Würdebegriffs mit Hierarchie, Ungleichheit, Leistung und Erfolg sind nach alledem keine bloße Sache der Vergangenheit. Vielmehr schlagen sie in höchst unterschiedlichen Facetten auch im gegenwärti-

---

108 Sorgner (wie Anm. 24), S. 263.
109 Vgl. Sorgner (wie Anm. 24), S. 262.
110 Sorgner (wie Anm. 24), S. 265.
111 Sorgner (wie Anm. 24), S. 266.

gen Sprachgebrauch und in manchen konzeptionellen Überlegungen zu Buch. Deshalb sind Klarstellungen unerlässlich.

Begreift man die Menschenwürde als axiomatische Statusposition jedes Menschen im Gewebe zwischenmenschlicher Verbindlichkeiten, so folgt daraus jedenfalls, dass sie nicht mit Leistungs- oder Erfolgskriterien vermengt werden darf. Sie steht weder für biologische noch intellektuelle Erfolge eines Menschen, auch nicht (wie bei Luhmann) für dessen gelungene Persönlichkeitsentfaltung, sondern repräsentiert jene für das gesamte Feld von Moral und Recht grundlegende gesellschaftliche Respektsposition, die *jedem Menschen qua Menschsein* gleichermaßen zukommt. In ihrem axiomatischen Stellenwert erlaubt sie keinerlei interne Abstufungen. Sie gebührt deshalb im vollen Umfang auch solchen Menschen, in deren äußerem Erscheinen wenig Spuren von »Anmut und Würde« im Schiller'schen Sinne wahrnehmbar sind. Die Bereitschaft, beispielsweise auch debile oder demente Menschen in das Netzwerk respektabler Subjekte aufzunehmen, wird damit zu einer Nagelprobe für die Gesellschaft, an der sich ihr Verständnis der Menschenwürde erweist, wie Robert Spaemann schreibt: »Dass es in der Anerkennungsgemeinschaft der Menschheit wirklich um Anerkennung des Selbstseins und nicht in Wirklichkeit doch nur um die Schätzung nützlicher und angenehmer Fähigkeiten geht, wird exemplarisch sichtbar am Umgang mit denen, die solche Eigenschaften gar nicht haben. Sie fordern das Beste im Menschen, sie fordern den eigentlichen Grund seiner Selbstachtung heraus.«[112]

---

[112] Spaemann (wie Anm. 94), S. 261.

Auch der für das Verständnis der Menschenwürde unverzichtbare Begriff der Verantwortungssubjektivität muss folglich vor der Verwechslung mit irgendwelchen Leistungskategorien geschützt werden, auch vor der Verwechslung mit moralischen Leistungen. Die Achtung der Würde des Menschen als Verantwortungssubjekt kann nicht davon abhängig sein, in welchem Maße der Einzelne *tatsächlich* – geschweige denn erfolgreich – für sich und andere tätige Verantwortung übernimmt. Es geht nicht darum, dass man sich den Respekt als Verantwortungssubjekt erst konkret erarbeiten müsste, sondern um einen Status, der noch vor allen persönlichen Leistungen oder auch Fehlleistungen liegt und der auch solchen Menschen gebührt, denen gegenüber entsprechende Leistungserwartungen zum Beispiel aufgrund schwerer geistiger Beeinträchtigungen von vornherein fehl am Platz wären.

Als eine jedem Menschen gleichsam *angeborene Mitgliedschaft im Netzwerk zwischenmenschlicher Verbindlichkeiten* kann die Menschenwürde nicht zur bloßen Funktion der moralischen Erfolgsbilanz eines Individuums herabgestuft werden. Sowenig der Mensch den axiomatischen Achtungsanspruch erwerben oder verdienen kann, so wenig kann er ihn verlieren. Zwar ist es möglich, dass er seine eigene Würde gewissermaßen vergisst oder sogar aggressiv verleugnet. Doch selbst die tätige Missachtung der Menschenwürde – der eigenen Würde oder der Würde der anderen –, deren ein Mensch sich schuldig machen kann, bedeutet nicht den Verlust derselben.[113]

---

113 Auch im Strafprozess wird der Beschuldigte ja »zur Verantwortung gezogen«. Im strafrechtlichen Schuldprinzip manifestiert sich somit die Achtung der Würde des Menschen als eines Verantwortungssubjekts.

Kein Gericht und keine Jury kann dem Menschen seine Würde absprechen.[114]

3. Exkurs: »In Würde sterben« – eine mehrdeutige Formel

Die Mehrdeutigkeit im faktischen Sprachgebrauch der Menschenwürde zeigt sich besonders bei den schwierigen Fragen von Sterbebegleitung und Sterbehilfe, über die seit Jahren in Gerichten und Parlamenten, in der Wissenschaft und in der allgemeinen Öffentlichkeit gestritten wird.[115] Sollen die Menschen das Recht auf medizinische Assistenz bei einer freiwilligen Selbsttötung haben? Und wenn ja, welche Sicherungen wären erforderlich, um Missbrauch zu vermeiden? Soll ärztliche Sterbehilfe (wie bisher in

---

[114] Vgl. ähnlich Tatjana Geddert-Steinacher, *Menschenwürde als Verfassungsbegriff. Aspekte der Rechtsprechung des Bundesverfassungsgerichts zu Art. 1 Abs. 1 Grundgesetz*, Berlin 1990, S. 86ff. – Wenn es gelegentlich heißt, dass die Opfer von Folter oder anderen schweren Menschenrechtsverletzungen »entwürdigt« worden seien, dann wird in solcher Redeweise gerade nicht der Verlust des Achtungs*anspruchs* diagnostiziert. Vielmehr werden damit brutale Praktiken beschrieben, die im Grenzfall sogar dazu führen können, dass den Opfern das Bewusstsein ihrer eigenen Würde unwiderbringlich zerstört wird. Gerade solche Menschen bedürfen der gesellschaftlichen Solidarität, und zwar eben auf der Grundlage des Respekts ihrer Menschenwürde.

[115] Als Beispiel sei nur das Urteil des Europäischen Gerichtshofs für Menschenrechte vom 29. April 2002 im Fall »Diane Pretty gegen England« genannt. Die Forderung der gelähmten Frau, sich von ihrem Ehemann ein tödliches Mittel verabreichen zu lassen, um so den drohenden Erstickungstod zu vermeiden, wurde vom Gerichtshof zurückgewiesen, der dem Staat die Möglichkeit einräumte, entsprechende Verbotsregelungen zur Verhinderung sozialethisch problematischer Folgewirkungen zu erlassen. Am Wortlaut der Urteilsbegründung merkt man, wie schwer sich die Richterinnen und Richter mit dieser Entscheidung getan haben.

Deutschland) auf die »passive« Variante beschränkt bleiben, bei der gemäß dem Willen des betroffenen Menschen lebensverlängernde Maßnahmen im finalen Krankheitsstadium eingestellt oder allenfalls lebensverkürzende Nebenwirkungen mancher Medikamente in Kauf genommen werden? Oder soll es möglich sein, unter bestimmten Bedingungen darüber hinauszugehen und auf Wunsch auch »aktive Sterbehilfe« zu leisten, wie dies beispielsweise in den Niederlanden und in Belgien seit einigen Jahren gesetzlich erlaubt ist? Lässt sich die Unterscheidung zwischen passiver und aktiver Sterbehilfe in der Praxis überhaupt durchhalten? Sind Kriterien wie »natürlicher Sterbeverlauf« in der hochtechnisierten medizinischen Praxis nicht längst anachronistisch geworden? Sollte den Ärzten mehr Ermessen eingeräumt werden, oder wäre es im Gegenteil notwendig, ärztliches Handeln an der Grenze von Leben und Tod klarer zu regeln?

Es ist hier nicht der Ort, diese komplizierten Fragen, bei denen höchst unterschiedliche Einschätzungen und Bewertungen aufeinanderprallen, zu erörtern. Was auffällt, ist aber jedenfalls, dass *auf allen Seiten gleichermaßen die Menschenwürde ins Feld geführt* wird. Über alle Gegensätze der Positionierungen hinweg dürfte das Postulat, dass Menschen die Möglichkeiten haben sollen, »in Würde zu sterben«, allgemeine Zustimmung finden. Es wäre voreilig, diesen merkwürdigen Befund als Beleg dafür zu nehmen, dass die Menschenwürde nichts anderes als eine Leerformel sei. Genauso falsch wäre es aber, in der allseitigen Berufung auf die Menschenwürde bereits den Ansatz eines inhaltlichen Konsenses zu sehen. Vielmehr lässt sich zeigen, dass sich hinter diesem Begriff oft ganz unterschiedliche Vorstellungen verbergen, die es auseinanderzuhalten gilt, wenn nicht heillose Verwirrung entstehen soll.

(1) Klar ist zunächst, dass Menschen gerade auch in ihrer allerletzten Lebensphase die Achtung ihrer Würde erfahren sollen. Diesbezüglich darf man einen weitreichenden substanziellen Konsens in der Gesellschaft unterstellen. Daraus folgen die Respektierung der Willensäußerungen sterbenskranker Menschen, der Einsatz palliativmedizinischer Möglichkeiten zur Vermeidung von Leiden und schließlich insbesondere die soziale Begleitung des Sterbeprozesses.[116]

Die moderne Medizintechnik, die den Menschen ein Stück weit von der Angst vor der schieren Überwältigung durch physische Schmerzen befreien kann, zeitigt paradoxe Resultate, indem sie die Menschen gleichzeitig in neue Abhängigkeiten verwickelt. Zur Angst vor Schmerzen und Hilflosigkeit in der Sterbephase gesellt sich die Horrorvorstellung, womöglich über Monate oder Jahre hinweg künstlich in einem Schwebezustand zwischen Leben und Tod gehalten zu werden. Patientenautonomie ist deshalb eine Forderung der Menschenwürde.[117] Wenn Menschen ihren Willen aktuell nicht mehr zum Ausdruck bringen können, sollen ersatzweise etwaige schriftliche Äußerungen in einer »Patientenverfügung« zu Rate gezogen werden. Sofern es eine entsprechende Verfügung nicht gibt, bleibt kein anderer Weg, als den mutmaßlichen Willen des Kranken durch Kon-

---

[116] Diesem letzten Ziel verschreibt sich die Hospizbewegung. Vgl. dazu Franco Rest, *Sterbebegleitung statt Sterbehilfe,* Freiburg i. Br. 1997.

[117] Vgl. Gerhard Pott, *Ethik am Lebensende. Intuitive Ethik, Sorgen um einen guten Tod, Patientenautonomie, Sterbehilfe,* Stuttgart 2007.

sultation der Familienangehörigen oder anderer ihm nahestehender Menschen zu ermitteln.

(2) Von der Achtung der Würde und der persönlichen *Freiheit »im Sterben«* sind Vorstellungen zu unterscheiden, die darauf abzielen, ein Recht auf medizinisch assistierten Suizid zu etablieren, also ein *Freiheitsrecht »zum Sterben«* gesellschaftlich anzuerkennen. Dass wir Akte der Selbsttötung heute in aller Regel nicht mehr moralisierend als »Selbstmord« abqualifizieren oder gar mit posthumer Ausgrenzung bestrafen, stellt zweifellos eine Errungenschaft dar. Denn der Respekt vor der letzten Unergründlichkeit jeder menschlichen Person erlegt uns ein hohes Maß an Zurückhaltung in solchen Fragen auf; alles andere wäre nur anmaßend. Diese gebotene Zurückhaltung ist aber nicht dasselbe wie die positive Anerkennung eines genuinen Rechts auf Selbsttötung, das gelegentlich ebenfalls im Namen eines »menschenwürdigen Sterbens« eingefordert wird.

Ob die zu respektierende Autonomie des Menschen die freie Verfügung über das Lebensende einschließt, die es dann gegebenenfalls auch rechtlich anzuerkennen gelte, ist und bleibt umstritten. Die Befürworter sehen in der Akzeptanz freier Selbsttötung den entscheidenden Testfall; andernfalls könne von echter Autonomie keine Rede sein. Einem Menschen das Recht zur Selbsttötung abzusprechen, so Norbert Hoerster, sei ein Akt der Bevormundung, für den es in der freiheitlichen Gesellschaft keine Rechtfertigung gebe.[118] Hoerster beruft sich außer-

[118] Vgl. Norbert Hoerster, *Sterbehilfe im säkularen Staat,* Frankfurt a.M. 1998.

dem auf die Säkularität des Staates, die es verbiete, traditionelle christliche Wertvorstellungen von einem unbedingt zu schützenden menschlichen Leben der weltanschaulich pluralistischen Gesellschaft mit rechtlichen Mitteln aufzuzwingen.

Es gibt allerdings auch gute Argumente dafür, gerade von der Autonomie des Menschen her gegen ein Recht auf Selbsttötung zu plädieren. Denn wenn die Verantwortungssubjektivität des Menschen den *Angelpunkt aller menschlichen Verbindlichkeiten* darstellt, kann sie selbst nicht einfach zum Gegenstand beliebigen Verfügens werden.[119] Der axiomatische Stellenwert der Menschenwürde schließt dies letztlich aus. Sowenig die Menschen – um einen klassischen Topos der Aufklärungszeit aufzugreifen – das Recht haben, sich aus freien Stücken selbst zu versklaven und sich damit als freie Rechtssubjekte irreversibel abzuschaffen, so wenig kann es richtig sein, dass sie die Vitalbasis ihrer eigenen Autonomie absichtlich und ohne Not zerstören. Dass der Akt, mit dem ein Mensch sich selbst als Verantwortungssubjekt irreversibel aufgibt, selbst ein Akt der Verantwortung sein soll, wäre, wie Volker Gerhardt betont, in der Tat ein Widerspruch: »Es gehört zur Logik dieser Selbstbestimmung, dass sie sich tatsächlich auch als solche erhält.«[120] Dass aus dieser prinzipiellen Ablehnung eines genuinen Rechts auf Selbsttötung keine moralisierende Bewertung konkreter Suizide und Suizidversuche – etwa in Situatio-

---

[119] Vgl. Johannes Schwartländer (Hg.), *Der Mensch und sein Tod*, Göttingen 1976.

[120] Volker Gerhardt, *Redebeitrag*, in: Nationaler Ethikrat. Wortprotokoll. Niederschrift über den öffentlichen Teil der Sitzung vom 27. Mai 2004, S. 9.

nen persönlicher Verzweiflung oder Ausweglosigkeit – folgt, sei noch einmal unterstrichen.

(3) Die Formel »in Würde sterben« könnte schließlich auch noch in einem dritten Sinne aufgefasst werden. Wie dargestellt, erfährt der Begriff der Würde im faktischen Sprachgebrauch nicht selten eine *meritokratische Wendung*. Bei Schiller, Luhmann und anderen steht die Würde für eine kommunikative Leistung, die der Mensch erbringen oder eben verfehlen kann. Auch in der alltäglichen Rede von Würde und würdigem Verhalten finden sich Facetten eines solchen meritokratischen Verständnisses recht häufig. Im Kontext der Diskussion über das Sterben könnte daraus das Postulat werden, sich beizeiten einen »würdigen Abgang« zu verschaffen, bevor man in die missliche Lage gerät, vollends von der Fürsorge anderer abhängig zu werden.[121]

In letzter Konsequenz eines solches Ansatzes kann der Topos vom menschenwürdigen Sterben sogar bedrohliche Züge annehmen. Das von manchen im Namen der Menschenwürde postulierte Recht auf den frei gewählten Tod könnte sich gleitend in Richtung eines sozialen Erwartungsdrucks entwickeln, dem Leben rechtzeitig ein Ende zu setzen, nämlich solange die vitalen Voraussetzungen eigenständiger Selbstdarstellung in »Anmut und Würde« noch bestehen. Ausgerechnet der Begriff

[121] Diejenigen, die entsprechende Forderungen im Namen der Menschenwürde vortragen, mögen sich auch auf die Stoiker und andere antike Vorläufer berufen, die in der Möglichkeit des Menschen, dem eigenen Leben ein Ende zu setzen, den Beweis der Überlegenheit des Menschen über seine vitalen Triebe – einschließlich des natürlichen Überlebenstriebs – sahen. Das Postulat »in Würde sterben« kann dabei unter der Hand heroische Züge annehmen.

der Menschenwürde, meritokratisch gewendet, könnte somit ein Vorwand für die Ausgrenzung alter, schwerkranker oder pflegebedürftiger Menschen aus dem Gewebe zwischenmenschlicher Verbindlichkeiten und für neue Formen von Diskriminierung werden. Klarheit über den Begriff der Menschenwürde zu gewinnen und für eine strikt egalitäre Lesart unveräußerlicher Menschenwürde einzutreten, ist also – dies wird an diesem Beispiel einmal mehr deutlich – nicht nur eine akademische Aufgabe, sondern eine gesellschaftspolitische Dringlichkeit.

IV. Die Menschenwürde als Axiom

1. Zur »Unhintergehbarkeit« des Verantwortungssubjekts

Die in den vorigen Kapiteln angestellten Überlegungen zur Menschenwürde basieren insgesamt auf der Annahme, dass die wechselseitige Achtung der Menschen als Verantwortungssubjekte in dem Sinne »unhintergehbar« ist, als die normative Reflexion und Kommunikation dahinter nicht zurückgehen kann, ohne sich selbst aufzugeben. Klingt diese Formulierung nicht verdächtig nach einer Tabuisierung? Ist es nicht eine fundamentalistische Anmaßung, den Reflexionsprozess, sobald es für den moralischen *common sense* ungemütlich wird, abzubrechen und diejenigen, die weiter nachfragen wollen, mit dem Vorwurf des verantwortungslosen Relativismus zu traktieren? Handelt es sich dabei nicht letztlich um einen uneingestandenen Autoritarismus, vielleicht sogar eine mit dem Pathos des kategorischen Imperativs angedrohte Exkommunikation kritischer Geister aus dem Kreis respektabler Verantwortungssubjekte?

Rückhaltloses Fragen gehört zum Wesen der Aufklärung, die an keinen Grenzen haltmacht. Auch im Bereich des Normativen beschränkt sich die Aufklärung nicht auf die Dekonstruktion konventioneller Moral- und Rechtsvorstellungen, sondern richtet sich vornehmlich auf die Fundamente, indem sie Grundkategorien wie Gewissen, Schuld, Freiheit, Verantwortung, Recht oder Würde einer kritischen Analyse unterzieht. Die Ergebnisse der Prüfung haben oft genug zur Desillusionierung beigetragen und uns ernüchternd vor Augen geführt, wie sehr unsere Fähigkeit zum bewussten moralischen Handeln von kontingenten naturalen und sozialen Faktoren abhängt. Entgegen einem alten Vorurteil lässt sich feststellen, dass die Aufklärung den Menschen in mancher Hinsicht bescheidener gemacht hat.

Es gibt unterschiedliche Wege der Aufklärung, die einander ergänzen. Dies gilt auch für aufklärerische Projekte im Bereich des Normativen. Dem naturwissenschaftlich-empirischen Paradigma, in dem der Mensch sich selbst, sein Denken, Fühlen, Handeln und seine sozialen Normen in das Gesamt der Naturordnung einfügt und gleichsam wie ein Naturobjekt *von außen* analysiert, steht das hermeneutische Paradigma gegenüber, das darauf abzielt, die Kriterien menschlichen Handelns und Entscheidens *von innen her* rekonstruierend zu klären. Zwischen beiden Wegen besteht ein Komplementärverhältnis. Obwohl die Jurisprudenz dem hermeneutischen Paradigma zweifelsohne weit näher steht, wäre beispielsweise die Strafgerichtsbarkeit ohne die gutachterliche Mitwirkung empirischer Humanwissenschaften heute nicht mehr denkbar. Andere Wissenschaftsdisziplinen wie Psychologie, Soziologie, Politikwissenschaft oder Pädagogik definieren sich geradezu durch die Verbindung beider Paradigmen. Und wie sich die Philosophie ohne die Einbeziehung empirischer Forschungsergebnisse von relevanten Debatten abkoppeln würde, so gilt für die Medizin, dass sie ohne Sensorium für Fragen menschlichen Selbstverständnisses ihren Auftrag verfehlen würde.

Bei aller Komplementarität besteht zwischen beiden Paradigmen allerdings zugleich ein unaufhebbares Spannungsverhältnis. Diese Spannung kann fruchtbar werden, solange klar ist, dass sich aus der grundlegenden Perspektivendifferenz auch *Grenzen der jeweiligen Geltungsansprüche* ergeben. Während die Zeiten, in denen sich die empirischen Humanwissenschaften gegen den Dogmatismus philosophischer und insbesondere theologischer Menschenbilder erst noch durchsetzen mussten, längst vorüber sind, finden die gegenläufigen Grenzüberschreitungen dagegen auch heute noch statt. Dies geschieht in Gestalt naturalistischer Ideologien, die – inzwischen unter Einbeziehung von Ergebnissen der Neurowissenschaften – einen Anspruch auf allumfassende Erklärung erheben und das Selbstverständnis des Menschen als verantwortliches Subjekt nicht nur innerhalb ihres eigenen Wissenschaftsparadigmas einklammern, sondern grundsätzlich negieren. Kants Aufforderung, den moralischen *common sense* gegen einen empirischen Reduktionismus zu verteidigen, nämlich durch eine erkenntnistheoretisch fundierte »Abtreibung der Einwürfe derer, die tiefer in das Wesen der Dinge geschaut zu haben vorgeben und darum die Freiheit dreist für unmöglich erklären«[122], hat ihre Aktualität keineswegs eingebüßt.

Das Postulat der »Unhintergehbarkeit« des Verantwortungssubjekts bedeutet keineswegs die Tabuisierung kritischer Rückfragen. Radikale Infragestellungen der Prämissen von Moral und Recht haben vielmehr ihren festen Platz in der intellektuellen Geschichte der Menschheit. Ohne den Stachel rückhaltloser Skepsis wäre Aufklärung, auch eine Aufklärung im Feld des Normativen, nicht denkbar. Schon einige Sophisten haben mit der These provoziert, in moralischen Verbind-

[122] Kant, *Grundlegung zur Metaphysik der Sitten*, AA IV, S. 459 (BA 121).

lichkeiten manifestiere sich lediglich der Druck gesellschaftlicher Konventionen; sie haben damit einen ersten Schub systematischen Nachdenkens über die Grundlagen der Moral ausgelöst.[123] Gut 2000 Jahre später übernahm Pierre Bayle eine ähnliche Rolle, als er in seinem *Dictionnaire historique et critique,* der Bibel der französischen Frühaufklärung, seine bitter-pessimistischen Beobachtungen über den Lauf der Dinge notierte und damit seine Zeitgenossen erschütterte. In der Tradition skeptischer Entlarvung bewegt sich auch Nietzsche, wenn in der *Genealogie der Moral* die herrschende Moral als Manifestation gesellschaftlicher Ressentiments denunziert. Eine andere, eher szientistische als skeptizistische Linie radikaler Moralkritik führt von La Mettries »*homme machine*« über den Darwin-Schüler Ernst Haeckel in die behavioristische Moraldekonstruktion, wie sie Skinner unter dem programmatischen Titel *Jenseits von Freiheit und Würde* vorgelegt hat.[124]

Die »Unhintergehbarkeit« des Verantwortungssubjekts ist weder eine Verbotsnorm gegen die empirische Vergegenständlichung des Menschen, wie sie zur etablierten Verfahrensweise in bestimmten Wissenschaftsdisziplinen gehört, noch eine Antwort auf den radikalen Zweifel, der letztlich unwiderleglich bleibt. Gemeint ist damit vielmehr die schlichte Feststellung, dass der Mensch in dem Moment, in dem er die Verantwor-

---

[123] Wenn ein Mensch die Möglichkeit hätte, sich für die anderen unsichtbar zu machen, so der Sophist Trasymachos, würde der illusionäre Charakter normativer Geltungsansprüche schlagartig zu Tage treten. Vgl. Platon, Der Staat, Buch I.

[124] Vgl. B. F. Skinner, *Jenseits von Freiheit und Würde,* Reinbek 1973 (engl. Original: *Beyond Freedom and Dignity,* New York 1971).

tungssubjektivität grundsätzlich in Frage stellt, seine imaginäre Akteursperspektive verlässt – genauer: in Klammern setzt. Dagegen ist nichts zu sagen. Problematisch würde es erst dann, wenn die Perspektivenvielfalt der alleinigen Dominanz naturalistischer Außenbeschreibung zum Opfer fiele. Wie Habermas schreibt, wäre der »szientistische Glaube an eine Wissenschaft, die eines Tages das personale Selbstverständnis durch eine objektivierende Selbstbeschreibung nicht nur ergänzt, sondern *ablöst*, [...] nicht Wissenschaft, sondern schlechte Philosophie«.[125] Dass sich eine solche szientistische Ideologie auf Dauer durchhalten lässt, hält Habermas angesichts der lebensweltlichen Evidenz der Handlungsperspektive allerdings für wenig wahrscheinlich: »Wenn wir einen Vorgang als die Handlung einer Person beschreiben, wissen wir [...], dass wir etwas beschreiben, was nicht nur wie ein Naturvorgang *erklärt*, sondern erforderlichenfalls auch *gerechtfertigt* werden kann.«[126]

Innerhalb des Horizonts normativer Reflexion und Kommunikation erweist sich die Verantwortungssubjektivität des Menschen also letztlich als unhintergehbar. Dasselbe gilt für den mit ihrem Bewusstsein unauflöslich verbundenen Achtungsanspruch. Alle Versuche, weiter zurückzugehen und die Verantwortungssubjektivität ihrerseits zu begründen, müssen genau deshalb scheitern, weil sie das zu Begründende immer schon voraussetzen. Die Reflexion der axiomatischen Grundlagen des Nor-

---

[125] Jürgen Habermas, *Glauben und Wissen*. Friedenspreis des Deutschen Buchhandels 2001, Frankfurt a. M. 2001, S. 20 (Hervorhebung im Original).

[126] Habermas, *Glauben und Wissen* (wie Anm. 125), S. 19 (Hervorhebungen im Original).

mativen stößt damit auf eine unüberwindliche Grenze; sie bleibt in Tautologien stecken und dreht sich im Zirkel. Bereits Kant hat in seiner Reflexion über den kategorischen Imperativ daraus den Schluss gezogen, dass eine Letztbegründung des Moralischen unmöglich ist und die Vernunft über ein *sokratisches wissendes Nichtwissen* – in Kants Worten: »Begreifen der Unbegreiflichkeit« – nicht hinausgelangt:[127] »Es ist also kein Tadel für unsere Deduktion des obersten Prinzips der Moralität, sondern ein Vorwurf, den man der menschlichen Vernunft überhaupt machen müsste, dass sie ein unbedingtes praktisches Gesetz (dergleichen ein kategorischer Imperativ sein muss) seiner absoluten Notwendigkeit nach nicht begreiflich machen kann; denn dass sie dieses nicht durch eine Bedingung, nämlich vermittels irgend eines zum Grunde gelegten Interesses, tun will, kann ihr nicht verdacht werden, weil es dann kein moralisches, d. i. oberstes Gesetz der Freiheit sein würde. Und so begreifen wir zwar nicht die praktisch unbedingte Notwendigkeit des moralischen Imperativs, wir begreifen aber doch seine *Unbegreiflichkeit;* welches alles ist, was billigermaßen von einer Philosophie, die bis zur Grenze der menschlichen Vernunft in Prinzipien strebt, gefordert werden kann.«[128]

---

[127] Zum sokratischen Denken bei Kant vgl. Heiner Bielefeldt, *Symbolic Representation in Kant's Practical Philosophy,* Cambridge 2003, S. 20ff.

[128] Kant, *Grundlegung zur Metaphysik der Sitten,* AA IV, S. 463 (Hervorhebung im Original).

2. Gegenstand eines Bekenntnisses?

Wenn sich theoretische Letztbegründungen der Menschenwürde als unmöglich herausgestellt haben, ist es dann nicht sinnvoll, die Würde als Gegenstand eines persönlichen oder gesellschaftlichen Bekenntnisses zu verstehen? Bleibt uns überhaupt etwas anderes übrig, als gegen radikale Infragestellungen oder szientistische Reduktionismen mit einem Bekenntnis zur Würde des Menschen zu antworten? Mündet die Grundsatzdebatte, wenn es hart auf hart kommt, nicht irgendwann unvermeidlich in ein »Hier stehe ich, ich kann nicht anders«?

Bevor man sich dem Thema Menschenwürde im Modus eines Bekenntnisses nähert, sollte man sich klarmachen, dass es sich, wenn überhaupt, um eine ganz eigene Art von »Bekenntnis« handelt. Bekanntlich kann der Mensch sich zu vielem bekennen: zu einer politischen Partei, zur persönlichen Herkunft, zu einer religiösen Überzeugung, zum Lebenspartner oder auch zu einem Freundeskreis. Bekenntnisse sind mit der Biographie einer Person eng verwoben. Daher sind die Gegenstände möglicher Bekenntnisse so vielfältig und wandelbar wie die Biographien der Individuen. Die Menschenwürde hingegen betrifft den Menschen in seiner *grundlegenden Auszeichnung als Verantwortungssubjekt.* Das »Bekenntnis« zur Menschenwürde ist daher nicht ein Bekenntnis neben anderen, sondern hängt unmittelbar mit der fundamentalen Einsicht zusammen, dass der Mensch ein Wesen ist, das sich überhaupt zu etwas bekennen und sich damit selbst binden kann. Es liegt damit auf einer grundlegend anderen, abstrakteren Ebene, als dies für sonstige Bekenntnisse gilt. Die Würde des Menschen als

Verantwortungssubjekt ist die *Bedingung der Möglichkeit von Bekenntnissen überhaupt* und deshalb ihrerseits nicht so sehr Gegenstand eines Bekenntnisses im engeren Sinne als vielmehr ein Axiom.

Bekenntnisse zur Menschenwürde passen am ehesten in den Rahmen ritueller Veranstaltungen. Rituale unterscheiden sich von Diskursen dadurch, dass in ihnen etwas noch einmal ausdrückliche Bekräftigung findet, von dem unterstellt wird, dass es allen unstreitig gemeinsam ist. Jenseits ritueller Kontexte können Bekenntnisse zur Menschenwürde jedoch leicht peinlich wirken, wenn nämlich das, was eigentlich nur »selbstverständlich« ist, mit dem Gestus einer höchstpersönlichen Stellungnahme vorgetragen wird. Noch weniger angemessen ist es, einem anderen ein persönliches Bekenntnis zur Menschenwürde – womöglich gar in der Öffentlichkeit – abzuverlangen. Wer dies fordert, überschreitet *ipso facto* die Grenze zum Inquisitorischen. Denn das Misstrauen, das sich in der Forderung nach einem förmlichen Bekenntnis zur Menschenwürde zu erkennen gibt, kann durch keinen Bekenntnisakt aus der Welt geschafft werden, weil es beim Adressaten genau jenes Bewusstsein verantwortlicher Akteursqualität in Zweifel zieht, das allen Bekenntnissen als deren Ermöglichungsgrund vorausliegt. Wer persönliche Bekenntnisse zur Würde des Menschen einfordert, begibt sich damit in die Fänge einer inquisitorischen Logik, aus der man, sobald man sich erst einmal darauf eingelassen hat, nicht mehr leicht herausfindet.

Die Menschenwürde ist nicht so sehr Gegenstand des Bekennens, sondern fungiert als axiomatische Referenz, das heißt als die ihrerseits *voraussetzungslose Voraussetzung möglicher Bekenntnisse*. Wir bekennen uns in der

Tat typischerweise nicht eigentlich *zur* Menschenwürde als vielmehr *mit der* Menschenwürde zu einer bestimmten moralischen oder rechtlichen Position. Genau dies zeigt sich auch im Grundgesetz. Das in Art. 1 formulierte Bekenntnis des deutschen Volkes gilt bemerkenswerterweise nicht der Menschen*würde,* sondern den Menschen*rechten,* die ihren Grund in der Würde haben. Der kausale Zusammenhang wird durch das Wort »darum« unterstrichen.[129] Das grundgesetzliche Bekenntnis zu den Menschenrechten (in Abs. 2) erweist sich damit als Konsequenz der Einsicht in die unantastbare Menschenwürde (in Abs. 1), die ihrerseits als Bedingung der Möglichkeit aller Bekenntnisse mehr ist als ein solches: eben ein Axiom.

3. Menschenwürde als Tabu?

Dass die Menschenwürde ein Tabu sei und zur Tabuisierung diene, wird oft unterstellt – meistens (aber keineswegs immer) mit kritischem Unterton.[130] Die Intentionen, mit denen diese Behauptung vorgebracht wird, weisen dabei in ganz unterschiedliche Richtungen. In vielen Fällen geht es schlicht um das Interesse, eine »tabuisierende« Berufung auf die Menschenwürde im Kontext

[129] Vgl. Art. 1 Abs. 1 und 2 GG: »Die Würde des Menschen ist unantastbar. Sie zu achten und zu schützen ist Verpflichtung aller staatlichen Gewalt. Das Deutsche Volk bekennt sich darum zu unverletzlichen und unveräußerlichen Menschenrechten als Grundlage jeder menschlichen Gemeinschaft, des Friedens und der Gerechtigkeit in der Welt.«

[130] Vgl. Baer (wie Anm. 22), S. 572: »Die Anlässe, zu denen Menschenwürde verfassungspolitisch diskutiert wird, zeigen, dass das schwere Gepäck, mit dem die Menschenwürde aufgeladen wird, in einer Tabuisierung gründet.«

konkreter Debatten (etwa um das Folterverbot oder die Embryonenforschung) zurückzudrängen. Dass die Würde in der Tat oft genug ins Feld geführt wird, um die eigenen Position gegen Rückfragen zu immunisieren, heißt indes noch lange nicht, dass sie selbst einem Tabu gleichkommt. Klar ist, dass das tragende Axiom von Moral und Recht nicht zu einem leicht verfügbaren rhetorischen Veto herabgestuft werden darf, mit dem man sich argumentative Bemühungen ersparen will. Die bloß tabuisierende Beschwörung der Menschenwürde ist deshalb ein Missbrauch oder zumindest ein Missverständnis.

Gelegentlich nimmt der Rekurs auf die Menschenwürde als vermeintliches Tabu auch einen konservativen, kulturpessimistischen Klang an. Das Tabu steht dann für die letzten Bastionen absoluter Gewissheit, die dem Siegeszug des modernen Relativismus bislang noch Widerstand leisten.[131] In diesem Sinne erscheint das »Tabu Menschenwürde« gleichsam als ein Relikt aus der vormodernen Welt des Heiligen, das von der Durchrationalisierung aller Lebensbereiche, wie sie im Namen der Aufklärung vorangetrieben wird, noch verschont geblieben ist. In einer solchen Sichtweise steckt zwar insofern ein Körnchen Wahrheit, als die Menschenwürde, wie dargestellt, durch szientistische Ideologien der Moderne durchaus, und zwar mit gravierenden Folgen, negiert werden kann. Die Aufklärung, die bekanntlich ihre eigene Dialektik hat, per se auf Szientismus, Positivismus und Relativismus zu reduzieren, wäre aber historisch und sachlich völlig unangemessen. Vielmehr haben die Prozesse gesellschaftlicher Aufklärung insgesamt dazu

---

[131] Vgl. Josef Isensee, *Tabu im freiheitlichen Staat,* Paderborn 2003.

beigetragen, das Bewusstsein für die Menschenwürde zu schärfen, sie als universalistisch-egalitäres Konzept zu klären und die daraus zu ziehenden politisch-rechtlichen Konsequenzen zu systematisieren. Erst in der Moderne ist der Anspruch auf eine politisch-rechtliche Anerkennung der Würde jedes Menschen entstanden und in Gestalt der Menschenrechte institutionell befestigt worden. Diese historische Tatsache nimmt der konservativen Einordnung der Menschenwürde als ein aus vormodernen Zeiten in die Gegenwart hinübergerettetes Tabu bereits einen Großteil seiner Plausibilität.

Hinter der Gleichsetzung der Menschenwürde mit einem Tabu steckt manchmal auch das praktische Interesse, deutlich zu machen, dass es Normen gibt, die der üblichen moralphilosophischen oder juristischen Abwägungslogik samt ihren Kautelen entzogen sein müssen. In diesem affirmativen Sinne hat Ralf Poscher den Begriff des Tabus vor einigen Jahren in die Debatte eingebracht.[132] Zumal im Kontext des Folterverbots bekennt er sich ausdrücklich zur Notwendigkeit gesellschaftlicher »Tabuisierungen« mittels des Würdebegriffs, um ansonsten drohenden normativen Dammbrüchen entgegenzuwirken. Dieses Motiv ist gewiss aller Ehren wert. Es verwundert allerdings, dass Poscher die gesuchte Unbedingtheit elementarer Normen ausgerechnet am Begriff des Tabus beziehungsweise der Tabuisierung festmacht. Der Grund dafür dürfte darin liegen, dass er von einem verengten, rein instrumentellen Rationalitätsbegriff ausgeht. Deshalb bleibt ihm nichts anderes übrig, als die Menschen-

---

[132] Vgl. Ralf Poscher, *»Die Würde des Menschen ist unantastbar«*, in: Juristenzeitung 59 (2004), S. 756–762, insbes. S. 758ff.

würde, die ja in der Tat über eine bloß abwägende Zweckrationalität hinausgeht, in den Bereich des Irrationalen zu verweisen.[133]

Die Idee der Menschenwürde ist jedoch alles andere als ein irrationales Tabu. Während man ein Tabu nicht ohne Gefahr der Zerstörung anrühren kann, kann und soll die Würde Thema rationaler Debatten sein. Zwar lässt sich die Würde des Menschen als Verantwortungssubjekt nicht noch einmal von außen begründen. Sie entzieht sich jeder weiteren Begründung, weil sie in normativen Fragen implizit *»immer schon« vorausgesetzt* wird, weshalb alle Letztbegründungsprojekte unvermeidlich in Tautologien stecken bleiben. Wohl aber lässt sich die Menschenwürde in ihrem axiomatischen Stellenwert reflexiv explizieren und diskursiv erhellen. Sie fungiert keineswegs als bloßer Restposten unaufgeklärter, vormoderner Gewissheiten und Gefühlslagen, sondern wird als Grund des Anspruchs auf die Anerkennung von Mündigkeit und Selbstbestimmung schließlich auch selbst zum Movens emanzipatorischer »Enttabuisierungen«.[134]

Noch in einer anderen Hinsicht ist die Menschenwürde das Gegenteil eines Tabus. Wie dargestellt, repräsentiert sie die Einsicht, dass alle Menschen Anspruch auf einen gleichen Achtungsstatus im Netzwerk zwischenmenschlicher Verbindlichkeiten haben. Die universalistisch-egalitäre Idee der Menschenwürde bildet die letzte

---

[133] Vgl. Poscher (wie Anm. 132), S. 760.

[134] Ein Beispiel für eine anstehende Enttabuisierung im Namen der Menschenwürde sind die sexuellen Selbstbestimmungsrechte von Menschen mit Behinderungen. Vgl. dazu Sigrid Arnade, *Sexuelle Rechte behinderter Menschen,* in: Claudia Lohrenscheit (Hg.), *Sexuelle Selbstbestimmung als Menschenrecht,* Baden-Baden 2009, S. 233–249.

Referenzgrundlage, wenn es zu verhindern gilt, dass bestimmte Menschen aus dem Kreis der Subjekte von Respekt ausgegrenzt werden. In dieser Funktion des *Ausschließens von Ausschluss* wirkt die Menschenwürde mithin als der entscheidende Faktor der Inklusion. Der Respekt vor der Würde aller Menschen bildet in der Tat den eigentlichen Grund dafür, dass der Raum normativer Kommunikation als ein inklusiver Raum gegen stets drohende Ausgrenzungstendenzen *offen gehalten* werden muss. Indem sie diese Funktion der Offenhaltung übernimmt, erweist sich die Idee der Menschenwürde somit zuletzt aber als das genaue Gegenteil eines die Kommunikation abschneidenden irrationalen Tabus.

Es gibt noch einen weiteren Aspekt innerhalb des Vergleichs der Menschenwürde mit einem Tabu, der bedacht zu werden verdient. Es ist dies die *emotionale Seite,* nämlich das Gefühl einer fast instinktiven *Scheu,* das die Begegnung mit einem Tabu auslöst. Eine ähnliche Gefühlsstimmung kann sich auch im Umgang mit Fragen der Menschenwürde gelegentlich einstellen. Sie manifestiert sich zum Beispiel in einem Gefühl spontaner Weigerung bei der Konfrontation mit sophistischen Gedankenexperimenten, die darauf hinauslaufen, die Achtung der Menschenwürde gezielt zu relativieren, indem suggeriert wird, dass die Würde des einen im Konfliktfall nur durch bewusste Ausschaltung des Würdeanspruchs eines anderen gewahrt werden könne. Derartige hypothetische Szenarien und Gedankenexperimente spielen zum Beispiel in der Kontroverse um das Folterverbot eine zentrale Rolle; sie dienen in manchen Fällen dazu, die Idee der Menschenwürde als argumentative Referenz in der Folterdebatte (oder auch über sie hinausgehend) systematisch wegzuräumen. Um eine moralische Erlaubnis zum eventuellen Einsatz der Folter herzuleiten, konstruiert etwa Uwe Steinhoff eine fiktive Entscheidungssituation, in der ein Diktator einen Gefangenen vor die Wahl stellt, entweder einen von zehn Mitgefangenen zu töten oder einen Gefangenen zwei Stunden lang zu foltern; ein Ausweg aus dieser Entscheidungslage soll nicht möglich sein, weil der Diktator im Weigerungsfall androht, alle zehn Gefangenen zu töten. Dieses Gedankenexperiment soll dazu dienen, zwingend zu erweisen, dass das Folterverbot bloß relativ sei.[135]

Kein nachdenklicher Mensch wird bestreiten, dass tragische Dilemma-Situationen entstehen können, aus denen selbst elementare moralische oder rechtliche Normen wie das kategorische Folterverbot nicht heraushelfen. Die Durchsetzung von Rechtsnormen (und zumal Strafrechtsnormen) kann im Einzelfall an Grenzen stoßen, so dass Beurteilungen und Verurteilungen dann vielleicht nicht mehr möglich erscheinen. Im Blick auf solche tragischen Grenzsituationen gleichsam *ex ante* eine abstrakte Kriteriologie erarbeiten zu wollen, die dazu dienen soll, Würdeverletzungen bilanzierend gegeneinander aufzurechnen und sich auf entsprechende Entscheidungssituationen mental vorzubereiten, wäre jedoch ein monströses Unterfangen, das moralisch und rechtlich nur ins Abseits führen kann.[136] Denn dies liefe darauf hinaus,

[135] Vgl. Uwe Steinhoff, *Warum Foltern manchmal moralisch erlaubt, ihre Institutionalisierung durch Folterbefehle aber moralisch unzulässig ist*, in: Wolfgang Lenzen (Hg.), *Ist Folter erlaubt? Juristische und philosophische Aspekte*, Paderborn 2006, S. 173–197, hier S. 177.

[136] Vgl. dazu ausführlicher Heiner Bielefeldt, *Menschenwürde und Folterverbot. Eine Auseinandersetzung mit den jüngsten Vorstößen zur*

normative Argumentationen zu etablieren und gleichsam salonfähig zu machen, die von der tragenden Prämisse aller normativen Verbindlichkeiten, dem Respekt der Menschenwürde, systematisch entkoppelt wären.

In der spontanen, auch *emotionalen* Weigerung vieler Menschen, sich auf derartige bizarre Gedankenexperimente einzulassen und damit einen Raum des von der Menschenwürde unbeeinträchtigten Räsonierens zu betreten, könnte man tatsächlich eine gewisse Entsprechung zu jenem Gefühl intuitiver *Scheu* sehen, das uns überfällt, wenn an ein Tabu gerührt wird. Und doch bleibt der Unterschied zu einem Tabu relevant. Denn anders als in der Begegnung mit einem Tabu kann die emotionale Weigerung, sich auf die Erarbeitung möglicher Abwägungskriterien für fiktive Entscheidungsszenarien »jenseits« des Respekts der Menschenwürde einzulassen, auch in Worte und Argumente übersetzt werden. Sie hat gute Gründe für sich. Deshalb bewegt sie sich im Raum der Aufklärung. Auch die Gefühle, die sich an die Idee der Menschenwürde heften, sind somit etwas ganz anderes als der stumme Schrecken, den das Tabu auslöst.

Aufweichung des Folterverbots. Essay hg. vom Deutschen Institut für Menschenrechte, Berlin 2006.

V. Der Grund der Menschenrechte

1. Rückbezug aller Menschenrechte auf die Würde

In den Menschenrechten gewinnt die Würde des Menschen institutionelle Rückendeckung, und zwar mit dem Ziel, den Achtungsanspruch eines jeden gegen mögliche Verletzungen durch den Staat oder durch Dritte wirksam zu schützen.[137] Die Menschenwürde ist deshalb nicht nur in dem generellen Sinne »Grund« der Menschenrechte, dass sie in allen normativen Verbindlichkeiten immer schon *implizit* vorausgesetzt werden muss. Vielmehr wird sie in den Menschenrechten zum Gegenstand *expliziter Anerkennung*. Darin besteht die spezifische Relation zwischen Menschenwürde und Menschenrechten, und dies macht den besonderen Rang der Menschenrechte in einer an der Würde aller orientierten Rechtsordnung aus.[138]

---

137 Vgl. Hans Jörg Sandkühler, *Menschenwürde und die Transformation moralischer Rechte in positives Recht*, in: ders. (Hg.), *Menschenwürde. Philosophische, theologische und juristische Aspekte,* Frankfurt a. M. 2007, S. 57–86, insbes. S. 71ff.

138 Auf die Differenzierung zwischen verfassungsrechtlich verbürgten »Grundrechten« und den internationalen »Menschenrechten« gehe ich nicht näher ein. Wenn im Folgenden von den Menschenrechten die Rede ist, meine ich generell einen *Typus universalistischer Freiheits- und Gleichheitsrechte,* der positiv-rechtlich auf ganz unterschiedlichen Ebenen normiert sein kann: auf der Ebene der nationalen Verfassung, auf der supranationalen Ebene der Europäischen Union, auf der Ebene regionaler Menschenrechtsverträge (wie etwa der Europäischen Menschenrechtskonvention des Europarats) und schließlich auf der globalen Ebene der Vereinten Nationen. Es soll damit aber keineswegs in Abrede gestellt werden, dass eine klare Differenzierung dieser Normebenen für

Dass die Menschenwürde Grund der Menschenrechte ist, heißt nicht, dass Letztere aus ihr schlichtweg »abgeleitet« werden könnten. Menschenrechte entstehen vielmehr in *Antwort auf öffentlich artikulierte Erfahrungen strukturellen Unrechts.*[139] Beispiele sind die zerstörerischen Auswirkungen militanter religionspolitischer Fraktionsbildungen in der frühen Neuzeit, Zwangsassimilierungen und Massenvertreibungen im Kontext moderner Staatsbildungen, die politische Entrechtung von Gesellschaften durch Omnipotenzanmaßungen des Leviathan, die Verschärfung sozialer Ungleichheiten und Abhängigkeiten im ungebremsten Kapitalismus, die gesellschaftliche Ausgrenzung von kulturellen oder sexuellen Minderheiten, repressive Rollenmuster in patriarchalen Familienstrukturen, kolonialistische Ausbeutung und Bevormundung, die getragen sind von rassistischen Ideologien der Ungleichheit, und schließlich vor allem der von den Nationalsozialisten durchgeführte Genozid an den europäischen Juden und anderen verfolgten Gruppen, auf den die Allgemeine Erklärung der Menschenrechte in ihrer Präambel verweist, wenn dort von »Akten der Barbarei« die Rede ist, »die das Gewissen der Menschheit mit Empörung erfüllen«.[140]

Als politisch-rechtliche Antworten auf Erfahrungen strukturellen Unrechts bleiben die Menschenrechte *historisch unabgeschlossen.* Dass das Bundesverfassungs-

---

die juristische Analyse der jeweiligen Gewährleistungsinhalte und Durchsetzungsmechanismen unverzichtbar ist.

139 Vgl. Johannes Schwartländer (Hg.), *Menschenrechte. Aspekte ihrer Begründung und Verwirklichung,* Tübingen 1978.

140 Vgl. dazu Johannes Morsink, *The Universal Declaration of Human Rights: Origins, Drafting and Intent,* Philadelphia 1999.

gericht sich, wie in der Entscheidung zur Online-Durchsuchung geschehen, mit der »Vertraulichkeit und Integrität informationstechnischer Systeme« würde beschäftigen müssen,[141] hätte in der Gründungsphase der Bundesrepublik noch niemand voraussehen können. Die EU-Grundrechtecharta führt im Kontext des Diskriminierungsverbots neu auch die genetische Merkmalsausstattung des Individuums an,[142] womit die Charta neuartige Risiken infolge der wissenschaftlich-technischen Entwicklung in Rechnung stellt. Ein eindrucksvolles Beispiel für eine Erweiterung des menschenrechtspolitischen Horizonts aufgrund des Drucks sozialer Bewegungen bietet die Konvention für die Rechte von Personen mit Behinderungen, die im Dezember 2006 von der Generalversammlung der Vereinten Nationen verabschiedet wurde. In der Menschenrechtserklärung von 1948 findet sich noch keinerlei Hinweis darauf, dass der Ausschluss Behinderter aus der Gesellschaft ein Menschenrechtsproblem sein könnte. Durch die Behindertenrechtskonvention wird das menschenrechtliche Gleichheitsprinzip nun ausdrücklich in Richtung des Postulats gesellschaftlicher Barrierefreiheit fortentwickelt.[143] Man könnte weitere Beispiele gerade aus dem Bereich des Diskriminierungsschutzes nennen, in denen sich der Einfluss sozialer Bewegungen und durch sie erreichte gesellschaftliche Lernprozesse niederschlagen.

Die augenfälligen Veränderungen, die die Menschenrechte in ihrer heutigen Gestalt nicht nur im Vergleich zu

---

141 Vgl. BVerfG, 1 BvR 370/07 vom 27. Februar 2008 (= BVerfGE 120, 274ff).

142 Vgl. Art. 21 Abs. 1 EU-Grundrechtecharta.

143 Vgl. Theresia Degener, *Menschenrechtsschutz für behinderte Menschen*, in: Vereinte Nationen 3/2006, S. 104–110.

Dokumenten des späten 18. Jahrhunderts, sondern auch schon bei der Gegenüberstellung mit den Standards aus der Gründungsphase der Vereinten Nationen aufweisen, belegen die *Entwicklungsoffenheit* des Menschenrechtskonzepts in Reaktion auf historische Unrechtserfahrungen und deren öffentliche Artikulation. Sowenig Kant und seine Zeitgenossen es für möglich gehalten hätten, dass der in der Menschenwürde begründete Gleichheitsanspruch einmal Anlass für die Forderung nach Heiratsmöglichkeiten für Lesben und Schwule werden würde, so wenig sind wir heute in der Lage, uns im Einzelnen vorzustellen, wie die Menschenrechtsstandards in hundert Jahren aussehen werden. Die philosophische Klärung der Menschenwürde bringt prognostisch nichts ein; sie kann historische Lernprozesse weder ersetzen noch mit einiger Verlässlichkeit antizipieren.

Als ein Deduktionsprinzip, von dem her sich die Inhalte der Menschenrechte gleichsam zeitenthoben abschließend entfalten ließen, wäre die Idee der Menschenwürde denn auch gründlich missverstanden. Es geht nicht um eine inhaltliche Ableitung, sondern um einen *kritisch-reflexiven Rückbezug*. Von der Menschenwürde her lassen sich die tragenden Prinzipien des Menschenrechtsansatzes – die universalistische Orientierung, die emanzipatorisch-egalitäre Stoßrichtung und der besondere Rang »unveräußerlicher« Rechte – als eine sinnvolle Struktur verstehen, die den Menschenrechtsansatz insgesamt prägt.[144]

---

[144] Vgl. ähnlich Alan Gewirth, *Human Dignity as the Basis of Rights*, in: Michael J. Meyer / William A. Parent (Hg.), *The Constitution of Rights. Human Dignity and American Values*, Ithaca/London 1992, S. 10–28.

Ein solcher Rückbezug der Menschenrechte auf strukturbildende Prinzipien und zuletzt auf die Menschenwürde ist nicht allein von theoretischem Interesse. Die Prinzipienreflexion verhilft auch dazu, Kriterien zu generieren, anhand derer sich etwaige neue Rechtsforderungen kritisch auf ihre Tragfähigkeit hin prüfen lassen, und gewinnt damit unmittelbar praktisch-politische Relevanz. Denn nicht hinter jedem Vorschlag nach einer Erweiterung der Menschenrechte steht ein durchdachtes oder auch nur legitimes Anliegen. Manche Forderungen – etwa nach der Aufnahme eines Rechts auf eine gesunde Umwelt – sind in der Sache sehr nachvollziehbar, bedürfen aber noch der gründlichen Prüfung daraufhin, ob und wie sie in die inhaltliche und infrastrukturelle Systematik der Menschenrechte integriert werden können, ohne diese durch Überforderung zu schwächen.[145] Bei anderen Vorschlägen ist hingegen offensichtlich, dass sie den Menschenrechtsansatz sprengen würden. Dies gilt etwa für die Forderung, die Menschenrechte durch »Rechte« anderer Lebewesen zu ergänzen.[146] Schließlich drängt sich manchmal sogar der Verdacht auf, dass bestimmte menschenrechtspolitische Vorstöße in der strategischen Absicht vorgebracht werden, den emanzipatorischen Anspruch der Menschenrechte abzufangen oder jedenfalls zu verwässern. Ein Beispiel dafür sind die im UN-Menschenrechtsrat in den letzten Jahren wiederholt

---

145 In der Afrikanischen Charta der Menschenrechte und Rechte der Völker von 1981 findet sich das Recht auf gesunde Umwelt in Art. 24.

146 Wer Menschenrechte und »Tierrechte« kategorial auf derselben Ebene verortet, schwächt damit den Anspruch der Menschenrechte. Dass es gute Gründe dafür gibt, für einen effizienten Tierschutz einzutreten, steht auf einem anderen Blatt.

verabschiedeten Resolutionen, denen zufolge die »Diffamierung von Religionen« im Namen der Menschenrechte bekämpft werden sollte, was in der Praxis womöglich darauf hinauslaufen würde, die Spielräume staatlicher Zensurmaßnahmen gegen religiöse Dissidentinnen oder Dissidenten zu erweitern.[147] Auch autoritäre Regime haben mittlerweile gelernt, die Semantik des universalen Rechtsdiskurses zu verwenden. Beständige Wachsamkeit, präzise Analyse und nicht zuletzt menschenrechtssystematische Klarheit sind daher geboten.

Die historische Entwicklungsoffenheit der Menschenrechte meint deshalb nicht Beliebigkeit. Sowenig sich die Menschenrechte einerseits zu einem zeitlos gültigen »Kanon« zusammenfügen, so wenig bilden sie anderseits einen bloßen »Katalog«, in den auf Zuruf alles aufgenommen werden könnte, was im internationalen Gerechtigkeitsdiskurs gerade *en vogue* ist. Die Unmöglichkeit verlässlicher Prognosen über die inhaltliche Ausgestaltung künftiger Menschenrechtsstandards darf folglich nicht als Absage an den Sinn einer zukunftsfähigen Kriteriologie missverstanden werden, die heute vielleicht mehr denn je notwendig geworden ist. Dazu aber erweist sich die Klärung der Menschenwürde als unumgänglich, da ohne Rückbezug auf die Idee der Würde der Anspruch der Menschenrechte nicht angemessen entfaltet werden kann.

Die Idee der Menschenwürde umspannt *das Ganze* der Menschenrechte. *Alle* Menschenrechte stehen im Horizont der Menschenwürde, und es gibt demnach

---

[147] Vgl. Jeroen Temperman, *Blasphemy, Defamation of Religions and Human Rights Law,* in: Netherlands Quaterly of Human Rights 26 (2008), S. 485–516.

kein Menschenrecht, dessen ernsthafte Verletzung nicht zugleich eine Kränkung des in der Würde begründeten personalen Achtungsanspruchs bedeutet.[148] Als der tragende Grund der Menschenrechte stellt die Würde nicht ihrerseits einen konkreten Rechtsanspruch dar, der parataktisch in das Gefüge der Rechte – als ein Recht neben anderen Rechten – eingeordnet werden könnte. Für ein spezielles Menschenrecht auf Würdeschutz, wie etwa Nida-Rümelin es vorgeschlagen hat, besteht kein Bedarf; denn genau dies ist die Funktion *aller* Menschenrechte. Nida-Rümelin spricht von einem eigenen »Recht, nicht gedemütigt zu werden«, das er anderen Menschenrechten ergänzend zur Seite stellen will.[149] Was anders soll aber etwa das Folterverbot sein als ein Schutzrecht gegen entwürdigende Praktiken, in denen die Subjektstellung des Menschen brutal negiert wird! Ähnliches ließe sich *mutatis mutandis* von jedem einzelnen Menschenrecht sagen. Die Religionsfreiheit soll insbesondere religiöse Minderheiten davor bewahren, ihren Glauben verleugnen oder verstecken zu müssen, weil ein solches erzwungenes Versteckspiel letztlich gegen die Würde des Menschen verstößt. Soziale Rechte sollen dem Menschen die Möglichkeiten geben, sich auch im Wirtschafts- und Ar-

---

148 Vgl. die analoge Aussage des Bundesverfassungsgerichts zur fundierenden Rolle der Menschenwürde für das Gesamt der verfassungsmäßig garantierten Grundrechte, dass nämlich »sämtliche Grundrechte Konkretisierungen des Prinzips der Menschenwürde« darstellen: BVerfGE 93, 266, 293.

149 Vgl. Julian Nida-Rümelin, *Über menschliche Freiheit,* Stuttgart 2005, S. 141: »Ein substantieller Begriff von Menschenwürde [...] erlaubt jedoch, den Katalog der Menschenrechte um ein Recht, nicht gedemütigt zu werden, zu ergänzen, ohne dass damit die Reduzierbarkeit aller übrigen Menschenrechte auf dieses eine des Menschenwürdeschutzes behauptet würde.«

beitsleben gegen die Gefahr einseitiger und damit demütigender Abhängigkeit als eigenständige Subjekte von Menschenwürde zu behaupten. Und die UN-Konvention für die Rechte von Personen mit Behinderungen verfolgt ausdrücklich das Ziel, behinderten Menschen die Möglichkeit zu geben, ein »Bewusstsein ihrer Würde« (»sense of dignity«) zu entwickeln,[150] was voraussetzt, dass man ihnen die volle und selbstverständliche Teilhabe an allen gesellschaftlichen Lebensbereichen eröffnet und dafür angemessene Bedingungen schafft. Ein eigenständiges Menschenrecht auf Würdeschutz neben anderen Menschenrechten wäre bestenfalls redundant.

Die Menschenwürde wäre meines Erachtens auch dann zu kurz gefasst, wenn man sie ausschließlich auf bestimmte »absolute« Normen (oder Normbereiche) innerhalb des Menschenrechtsschutzes beziehen wollte. Zweifellos ist der Zusammenhang mit der Menschenwürde in besonderer Weise evident bei denjenigen menschenrechtlichen Regelungen, die wie das Folterverbot oder die Ächtung der Sklaverei im Wortsinne »absolut« gelten.[151] Beim Folterverbot etwa schlägt die Unverrechenbarkeit der Menschenwürde gleichsam *unmittelbar* in ein kategorisches Nein durch, das keinerlei Einschränkungen duldet, nicht einmal im Notstandsfall. Ähnliches

---

150 Art. 24 der UN-Konvention für die Rechte von Personen mit Behinderungen.

151 Abwegig ist die Position von Tiedemann, der weder im Falle der Sklaverei noch bei der Durchführung von Prügelstrafen generell von einer Missachtung der Menschenwürde ausgeht. Argumente für diese ungewöhnlichen Einschätzungen, die mit Jus-cogens-Normen des Völkerrechts völlig unvereinbar sind, bringt er nicht vor. Vgl. Paul Tiedemann, *Was ist Menschenwürde? Eine Einführung,* Darmstadt 2006, S. 126 bzw. S. 123.

gilt beispielsweise auch für das Verbot der Sklaverei oder für den inneren Kern der Religionsfreiheit. Wäre es nicht sinnvoll, die Berufung auf die Menschenwürde genau auf solche Konstellationen zu beschränken, in denen der kategorische Anspruch der Würde als *absolute Grenze* politischen Handelns zum Tragen kommt? Wäre eine entsprechend zurückhaltende Verwendung des Würdebegriffs nicht der beste Weg, dessen moralische und juristische Durchschlagskraft zu wahren?

Eine solche Schlussfolgerung hat viel für sich. Der Preis dafür wäre aber eine Entkopplung der Menschenwürde von all denjenigen Menschenrechtsnormen, die unter bestimmten Bedingungen eben doch eingeschränkt werden können, und dies gilt für die allermeisten Menschenrechte. Nehmen wir zum Beispiel die Freiheit der Meinungsäußerung. Zwar unterliegt sie im Unterschied zum Folterverbot sowohl nach dem Grundgesetz als auch im Kontext internationaler Menschenrechtskonventionen gewissen – äußert vorsichtig zu interpretierenden – Einschränkungsmöglichkeiten. Spätestens in ernsten Fällen der Verweigerung, etwa wenn Menschen der Willkür staatlicher Zensurbehörden ausgesetzt sind oder wenn sie sich infolge von Droh- oder Bespitzelungsmaßnahmen nicht mehr trauen, sich frei öffentlich zu artikulieren, wird indessen deutlich, dass es wenig plausibel wäre, die Meinungsfreiheit aus dem Wirkfeld der Menschenwürde auszuklammern. Will man Autorinnen, die ihre Bücher nicht veröffentlichen können, oder Verlegern, die von staatlicher Zensurpolitik gezielt in den Ruin getrieben werden, allen Ernstes sagen, dass die erlittene Bevormundung nichts mit ihrer Menschenwürde zu tun habe? Bekanntlich hat das Bundesverfassungsgericht schon früh festgestellt, dass die Meinungsfreiheit »in gewissem Sinn die Grundlage jeder Freiheit überhaupt« darstellt.[152] Den Zusammenhang zwischen Meinungsfreiheit und Menschenwürde zu zerschneiden hieße daher, ihn über den Bereich dieses konkreten Grund- und Menschenrechts hinaus auch für andere Freiheitsrechte aufzulösen.

Die Rückbindung an die unantastbare Menschenwürde auf jene menschenrechtlichen Normen oder Kernbereiche zu reduzieren, die ihrerseits im Wortsinne unantastbar sind, weil sie unter keinen Umständen Gegenstand legitimierbarer Beschränkungen werden können, hätte zwar den Vorzug, dass der Würdebegriff in seinem kategorischen Stellenwert klar gewahrt bleibt. Der dafür zu entrichtende Preis aber wäre eine inhaltliche Marginalisierung des Würdekonzepts. Der fundierende Charakter der Menschenwürde, wie er sowohl in der UN-Erklärung der Menschenrechte und den aus ihr folgenden Konventionen als auch im ersten Artikel des Grundgesetzes Ausdruck findet, käme nicht mehr zum Tragen.

Ich möchte deshalb vorschlagen, den Zusammenhang zwischen Menschenwürde und Menschenrechten in zwei Aspekte zu unterteilen: Neben der (engeren) Funktion, kategorische Grenzen politischen Handelns zu setzen, hat der Rekurs auf die Menschenwürde auch die (weitere) Funktion, den gebotenen sorgsamen Umgang mit etwaigen Einschränkungen menschenrechtlicher Verbürgungen zu begründen. Dass nicht jede *Einschränkung* eines Menschenrechts und nicht jeder Eingriff in menschenrechtlich geschützte Bereiche eine *Verletzung* des

---

[152] BVerfGE 7, 198, 208.

betreffenden Rechts darstellt, hängt genau an dieser – in rechtsstaatlichen Prinzipien und Normen weiter ausdifferenzierten – Sorgfalts- und Darlegungspflicht.[153] Es macht unter dem Gesichtspunkt des Respekts vor der Würde des Menschen als Verantwortungssubjekt beispielsweise einen erheblichen Unterschied, ob eine Person über Eingriffe in die informationelle Selbstbestimmung wenigstens im Nachhinein informiert wird, so dass sie sich gerichtlich zur Wehr setzen kann, oder ob solche Eingriffe ohne jede Informations- und Kontrollmöglichkeit ganz im Verborgenen bleiben und die Menschen ihnen wehrlos ausgesetzt sind. Lästige Personenkontrollen am Flughafen dürften vermutlich dann keine Kränkung darstellen, wenn sie erkennbar dem für jeden einsichtigen Zweck der öffentlichen Sicherheit dienen, so schonend wie möglich durchgeführt werden und alle gleichermaßen betreffen, also niemanden diskriminieren. Man könnte weitere Beispiele nennen. Grundsätzlich gesagt, manifestiert sich der gebotene Respekt vor der Würde der Menschen eben auch darin, dass man ihnen Zumutungen erklärt, etwaige Einschränkungen der Rechte in präzise kontrollierbaren Grenzen hält, auf Willkür und vor allem Diskriminierungen verzichtet und den Betroffenen wirksame Möglichkeiten gibt, sich politisch oder gerichtlich gegen Übergriffe zu wehren.

Über bestimmte *per se* uneinschränkbare menschenrechtliche Normen beziehungsweise die jeweiligen Kernbereiche der Menschenrechte hinaus umspannt die Menschenwürde auch jene menschenrechtlichen Gewährleistungen, die unter Wahrung rechtsstaatlicher Re-

---

153 Näheres dazu unten, Abschnitt V,4.

geln in bestimmtem Maße eingeschränkt werden können. Genau auf die präzise Formulierung und Durchführung der rechtsstaatlichen Kriterien kommt es dabei an. Dass sich deren konkrete Ausgestaltung nicht von der Menschenwürde unmittelbar herleiten lässt, ist dabei offensichtlich. Dass die Ausarbeitung und Einhaltung rechtsstaatlicher Kriterien aber hohen Sorgfalts- und Darlegungspflichten unterliegt, weil sich erst daran der praktische Verkehrswert der positivierten Menschenrechte erweist, folgt aber wiederum zuletzt als Postulat aus der Menschenwürde.

2. Die Universalität der Menschenrechte

Die meisten konkreten Rechte, die wir haben, sind an bestimmte Rollen oder Funktionen in der Gesellschaft gebunden. Sie stehen uns zu in unserer Eigenschaft als Mieter oder Vermieterinnen, als Mitglieder in bestimmten Verbänden und Berufsgruppen oder als Angehörige eines bestimmten Staates. Im Unterschied zu solchen rollengebundenen Rechten sind die Menschenrechte schon *mit dem Menschsein* des Menschen gegeben. Genau in dieser Bezugnahme auf das uns allen gemeinsame Menschsein besteht der normative Universalismus. Er bezeichnet somit *die innere Qualität einer Rechtskategorie* und nicht (oder jedenfalls nicht in erster Linie) den Aspekt der globalen Verankerung menschenrechtlicher Normen in den einschlägigen Konventionen der Vereinten Nationen. Universalismus ist keine quasi-geographische Kategorie und fungiert nicht als Äquivalent zur politischen Globalisierung. Zu meinen, dass regionale

Rechtsinstrumente wie die 1950 vom Europarat verabschiedete Europäische Menschenrechtskonvention »weniger universalistisch« seien als das global ausgerichtete menschenrechtliche Schutzsystem der Vereinten Nationen, wäre absurd; denn auch die Europäische Menschenrechtskonvention mitsamt dem ihre Einhaltung überwachenden Europäischen Gerichtshof für Menschenrechte in Straßburg knüpft bei der Gewährleistung der grundlegenden Rechte an das *Menschsein des Menschen* an. Dasselbe gilt für einzelstaatliche Menschenrechtsverbürgungen, wie sie zum Beispiel im Grundrechtsabschnitt des Grundgesetzes enthalten sind. Insofern sie im Jurisdiktionsbereich des Grundgesetzes für jeden Menschen gleichermaßen gelten (was allerdings nicht bei allen Grundrechten der Fall ist[154]), sind auch sie Ausdruck des normativen Universalismus.[155]

---

[154] Einige der im Grundgesetz verbürgten Grundrechte sind an den Besitz der deutschen Staatsangehörigkeit gebunden. Die meisten sind allerdings der Sache nach Menschenrechte.

[155] Die in der Literatur, gerade auch im völkerrechtlichen Schrifttum, häufig zu findende unmittelbare Assoziierung des menschenrechtlichen Universalismus mit den globalen Institutionen des Menschenrechtsschutzes – also mit den Instrumenten, die im Rahmen der Vereinten Nationen entstanden sind – birgt in sich die Gefahr einer kategorialen Verkürzung des Menschenrechtsanspruchs. Dass den Vereinten Nationen eine zentrale Rolle bei der Formulierung und Durchsetzung menschenrechtlicher Standards zukommt, soll natürlich nicht bestritten werden. Eine einseitige Fokussierung auf die Ebene der Vereinten Nationen könnte aber einem Missverständnis (dem schon Hannah Arendt erlegen ist) Nahrung geben, nämlich dem, dass die Menschenrechte nur sozusagen die äußerste, »abstrakteste« Sphäre menschheitsweiter Verbindlichkeiten repräsentieren würden. Vgl. Hannah Arendt, *Es gibt nur ein einziges Menschenrecht,* in: Die Wandlung 4 (1949), S. 754–770; dies., *Elemente und Ursprünge totaler Herrschaft,* München/Zürich ^{2}1974, S. 452ff.

Der Gegenbegriff zum Universalismus der Menschenrechte ist deshalb nicht, wie gelegentlich behauptet wird, eine regionale oder nationale (im Unterschied zur globalen) Institutionalisierung der elementaren Rechte. Vielmehr wäre der *Gegenbegriff* zum menschenrechtlichen Universalismus ein rechtlicher *Partikularismus:* Sofern grundlegende Rechte von partikularen Bedingungen – Vorleistungen, persönlichen Merkmalen, gesellschaftlichen Statuspositionen usw. – abhängig gemacht würden, wäre ein rechtlicher Partikularismus gleichbedeutend mit Exklusion und Diskriminierung. Im Gegenzug gilt, dass die Menschenrechte jeweils einen Anspruch auf *Inklusion und Nicht-Diskriminierung* formulieren. Genau darin besteht ihr normativer Universalismus.

Die in der Präambel der UN-Erklärung von 1948 formulierte menschenrechtsphilosophische Prämisse, dass »die Anerkennung der inhärenten Würde und der gleichen und unveräußerlichen Rechte aller Mitglieder der menschlichen Familie die Grundlage der Freiheit, der Gerechtigkeit und des Friedens in der Welt« bildet, ist so oder ähnlich in die meisten Präambeln der später entstandenen rechtsverbindlichen Konventionen übernommen worden. Unter dem Einfluss der Allgemeinen Erklärung der Menschenrechte verweist auch das Grundgesetz der Bundesrepublik Deutschland in Art. 1 auf den normativen Zusammenhang zwischen der Würde und den grundlegenden Rechten des Menschen. Von dort wiederum führt ein direkter Weg zu Art. 1 der EU-Grundrechtecharta, in dem bekräftigt wird: »Die Würde des Menschen ist unantastbar. Sie ist zu achten und zu schützen.«

3. Freiheit, Gleichheit, Inklusion

Wie stellen sich die Menschenrechte inhaltlich dar? Um diese Frage zu klären, hilft der Blick auf Art. 1 der UN-Erklärung von 1948 und die dort wiederaufgenommenen drei Leitbegriffe der Französischen Revolution: Freiheit, Gleichheit, Brüderlichkeit.[156] Während die Relevanz der ersten beiden Prinzipien für das Verständnis der Menschenrechte allenthalben anerkannt ist, bleibt die Funktion des dritten Prinzips (nicht nur aufgrund der feministisch unaufgeklärten, anachronistischen Formulierung) weniger klar. In vielen Erörterungen der Menschenrechte wird es einfach weggelassen. Als Surrogate sind Begriffe wie Solidarität oder Partizipation vorgeschlagen worden. Denkbar wäre es aber auch, den in der Behindertenrechtskonvention der Vereinten Nationen von 2006 neu profilierten Leitbegriff der Inklusion als zeitgemäßes Interpretament dessen anzusehen, was in der Nachkriegszeit noch »Brüderlichkeit« genannt wurde.

Die drei Prinzipien strukturieren den Menschenrechtsansatz insgesamt. Dabei stehen sie nicht nur äußerlich nebeneinander, sondern explizieren einander wechselseitig: Ein Freiheitsrecht, das nicht von vornherein den Anspruch gleichberechtigter Geltung für alle in sich trüge, wäre damit gerade kein allgemeines Menschenrecht, sondern ein rechtliches Privileg; und ein Gleichheitsrecht, das nicht in sich selbst freiheitlich strukturiert wäre, hätte den Titel »Recht« nicht verdient. Gegen das

---

[156] An den schon zitierten Satz, wonach alle Menschen frei und an Würde und Rechten gleich geboren sind, schließt sich die Erläuterung an: »Sie sind mit Vernunft und Gewissen begabt und sollen einander im Geist der Brüderlichkeit begegnen.«

typische Missverständnis, es gehe in den Menschenrechten lediglich um das isolierte Individuum, erinnert die dritte Komponente – das Prinzip der gesellschaftlichen Inklusion – außerdem daran, dass Freiheit nur im Miteinander der Menschen gelebt werden kann. Die drei Strukturprinzipien verweisen ihrerseits auf die Menschenwürde, von der her sich ihre Zusammengehörigkeit begreifen lässt.

(1) Zunächst zum Freiheitsprinzip. Der axiomatische Anspruch, dass der Mensch um seiner Würde willen nie ausschließlich als Mittel, sondern immer zugleich auch als *Selbstzweck* behandelt werden soll, gewinnt institutionelle Rückendeckung in den grundlegenden Rechten auf *freie Selbstbestimmung*. Diese freiheitliche Orientierung ist für die Menschenrechte insgesamt maßgebend.[157] Alle Menschenrechte sind letztlich *Freiheitsrechte*. Dies gilt nicht nur für die bürgerlichen und politischen Menschenrechte, die oft als die »klassischen« Freiheitsrechte qualifiziert werden, da viele dieser Rechte – Religionsfreiheit, Recht auf freie Meinungsäußerung, Versammlungsfreiheit, Vereinigungsfreiheit, freie Berufswahl oder freie Anwaltswahl vor Gericht – schon semantisch eine freiheitliche Ausrichtung signalisieren. Auch die wirtschaftlichen, sozialen und kulturellen Rechte erweisen sich bei genauerer Analyse als Freiheitsrechte.[158] Das Recht auf Bildung

---

[157] Vgl. Heiner Bielefeldt, *Philosophie der Menschenrechte*, Darmstadt 1998.

[158] Vgl. Michael Krennerich, *Soziale Rechte sind Freiheitsrechte! Plädoyer für ein freiheitliches Verständnis wirtschaftlicher, sozialer und kultureller Rechte*, in: Jahrbuch Menschenrechte 2006, Frankfurt a. M. 2005, S. 57–66.

hat wesentlich die Funktion eines »Empowerment-Rechts«: Es verbessert zum Beispiel die Voraussetzungen dafür, dass Menschen ihr Recht auf Meinungsfreiheit wirksam in Anspruch nehmen können, trägt aber auch in sich selbst einen freiheitlichen Anspruch, der sich auch in den Lerninhalten und -methoden niederschlagen soll. Das Recht auf ein Mindestmaß an sozialer Sicherheit hat die Funktion, einseitigen Abhängigkeiten im Arbeitsleben entgegenzuwirken und damit die Optionen für eine selbstbestimmte Lebensführung zu erweitern. Auch das Recht auf angemessene Nahrung, das erst in jüngerer Zeit internationale Anerkennung gefunden hat, formuliert einen freiheitlichen Anspruch; denn es geht dabei, wie der zuständige UN-Ausschuss betont, nicht einfach um in Kalorien und Proteinen zu bemessende Versorgungsansprüche, sondern immer auch und vorrangig um die Ermöglichung menschenwürdiger Ernährung unter Beachtung der freien Selbstbestimmung der Betroffenen.[159]

Dass die Freiheit gleichsam einen Leitfaden für das Verständnis der Menschenrechte bildet, zeigt sich paradigmatisch in der Präambel der Allgemeinen Erklärung der Menschenrechte. Sie enthält ein Zitat jener berühmten »vier Freiheiten«, die der amerikanische Präsident Roosevelt erstmals im Januar 1941 proklamiert hatte und die dann zum Motto im Kampf der Alliierten gegen Nationalsozialismus und Tyrannei wurden: »Rede- und Glaubensfreiheit und Freiheit von Furcht und Not«.[160]

[159] Vgl. Michael Windfuhr, *Freiwillige Leitlinien zum Recht auf Nahrung. Bedeutung, Reichweite und Chancen des neuen Rechtsinstruments,* in: Jahrbuch Menschenrechte 2006, Frankfurt a.M. 2005, S. 227–235.

[160] Vgl. Vögele, *Christliche Elemente* (wie Anm. 35), S. 105.

Diese vier Freiheiten lassen sich als eine grobe Typologie der verschiedenen einander ergänzenden Arten von Menschenrechten lesen. Während die Redefreiheit für die politischen Freiheitsrechte (zum Beispiel Meinungsfreiheit, Versammlungsfreiheit und das demokratische Wahlrecht) steht, repräsentiert die Glaubensfreiheit die geistigen Freiheitsrechte, in denen der Respekt vor den tragenden Gewissens- und Glaubensüberzeugungen des Menschen Ausdruck findet. Die Freiheit von Furcht lässt sich mit den Justizgrundrechten in Verbindung bringen, die Schutz vor willkürlicher Inhaftierung und Fairness im Gerichtsverfahren garantieren. Mit der Freiheit von Not verweist die Präambel schließlich auf die wirtschaftlichen und sozialen Rechte, die ebenfalls Freiheitsansprüche darstellen.

Entscheidend für unseren Zusammenhang ist, dass mit dieser Typologie sämtliche in der Allgemeinen Erklärung aufgezählten Einzelrechte in den *Horizont der Freiheit* gestellt werden. Alle konkreten Menschenrechte – von der Religionsfreiheit und der Meinungsfreiheit über die Vereinigungsfreiheit und das politische Wahlrecht bis hin zu den Rechten auf Gesundheit und Bildung – artikulieren demnach *Freiheits*ansprüche. Ungeachtet der Differenzen in der konkreten Schutzrichtung ergänzen sie einander in der Zielsetzung, eine Freiheitsordnung zu schaffen, die der Würde des Menschen als eines Verantwortungssubjekts gerecht wird.

(2) Wie alle Menschenrechte der freien Selbstbestimmung dienen, so gilt auch, dass alle Menschenrechte *Gleichheitsrechte* sind. Der Gleichheitsanspruch meint im Kontext der Menschenrechte niemals abstrakte

Gleichförmigkeit. Vielmehr erschließt sich die menschenrechtlich gedachte Gleichheit *nur in der Zusammensicht mit dem Freiheitsanspruch.* Sie zielt nicht auf gesellschaftliche Nivellierung und Homogenisierung, sondern im Gegenteil darauf, dass alle Menschen gleichermaßen die Möglichkeit haben sollen, ihre je »besonderen«, eigenen Lebensentwürfe – für sich selbst und in Gemeinschaft mit anderen – in Freiheit zu finden und zu verwirklichen. »All different, all equal« lautet der gleichermaßen knappe wie treffende Slogan einer Kampagne des Europarats.[161] Wie die Würde nach Kant »keinerlei Äquivalent verstattet« und paradoxerweise genau deshalb jedem Menschen gleichermaßen zugesprochen werden muss, so gilt analog, dass die in der Würde begründeten Freiheitsrechte eben nicht als Privilegien gefasst werden können. Nur als Gleichheitsrechte sind sie universale Freiheitsrechte.

Das Gleichheitsprinzip erfährt seine historisch-konkrete Gestalt insbesondere im Diskriminierungsverbot. »Jeder hat Anspruch auf die in dieser Erklärung verkündeten Rechte und Freiheiten ohne irgendeinen Unterschied, etwa nach Rasse, Hautfarbe, Geschlecht, Sprache, Religion, politischer oder sonstiger Überzeugung, nationaler oder sozialer Herkunft, Vermögen, Geburt oder sonstigem Stand«, heißt es beispielsweise in Art. 2 Abs. 1 der Allgemeinen Erklärung der Menschenrechte von 1948. Die Aufzählung der spezifischen Diskriminierungsverbote, durch die der Gleichheitsanspruch konkret konturiert wird, bildet keine abschließende Liste, sondern ist *nur exemplarisch* zu verstehen. Sie bleibt of-

---

[161] Informationen dazu unter: http:/alldifferent-allequal.info.

fen für weitere gesellschaftliche Lern- und Sensibilisierungsprozesse. Auf weltweiter Ebene ist die Liste der ausdrücklich verbotenen Diskriminierungsmerkmale mittlerweile beispielsweise um das Merkmal der Behinderung ergänzt worden; in Europa kommt auch das Merkmal der sexuellen Orientierung hinzu,[162] um dessen internationale Anerkennung noch gerungen wird.

(3) Ein sich seit 200 Jahren hartnäckig haltendes Klischee der Menschenrechtskritik besagt, die Menschenrechte seien Ausdruck eines einseitig individualistischen Menschenbildes in einer »atomisierten« Gesellschaft.[163] Dieser Einwand trifft jedoch nicht zu. Gewiss handelt es sich bei den Menschenrechten um Rechte jedes einzelnen Menschen, dessen inkommensurable Würde vorgängig zu seiner Mitgliedschaft oder Funktion in konkreten Gemeinschaften durch die Garantie der gleichen elementaren Freiheitsrechte Anerkennung findet. Gleichzeitig haben die Menschenrechte aber immer eine *gemeinschaftliche Dimension*.[164] Wie sie einerseits darauf abzie-

---

162 Vgl. Art. 21 Abs. 1 der EU-Grundrechtecharta: »Diskriminierung insbesondere wegen des Geschlechts, der Rasse, der Hautfarbe, der ethnischen oder sozialen Herkunft, der genetischen Merkmale, der Sprache, der Religion oder der Weltanschauung, der politischen oder sonstigen Anschauung, der Zugehörigkeit zu einer nationalen Minderheit, des Vermögens, der Geburt, einer Behinderung, des Alters oder der sexuellen Ausrichtung sind verboten.«

163 Zum Fortleben dieses Einwandes in der kulturrelativistischen Kritik vgl. Imke Leicht, *Multikulturalismus auf dem Prüfstand. Kultur, Identität und Differenz in modernen Einwanderungsgesellschaften*, Berlin 2009, S. 57ff.

164 Vgl. Heiner Bielefeldt, *»In a spirit of brotherhood«. Die kommunitäre Dimension in den Menschenrechten*, in: Heiner Bielefeldt / Franz-Josef Hutter / Sabine Kurtenbach / Carsten Tessmer (Hg.), *Menschen-*

len, soziale Institutionen liberalisierend zu prägen und zu durchwirken, so gilt andererseits, dass Freiheit ohne Unterstützung durch personale Gemeinschaften und gesellschaftliche Strukturen nicht gelebt werden kann.

Zunächst einige Beispiele: Die Meinungsfreiheit beschränkt sich nicht auf die individuelle Freiheit zur Meinungsäußerung, sondern sichert genau dadurch zugleich die Möglichkeit eines demokratischen Diskurses in einem freiheitlichen Gemeinwesen; sie ist gleichsam das Ur-Recht der demokratischen Gesellschaft. Das Recht auf Religionsfreiheit umfasst über die individuelle Glaubens- und Bekenntnisfreiheit hinaus wesentlich auch die Freiheit zu gemeinschaftlicher Religionsausübung, hat also ebenfalls – wenn auch in anderer Weise – eine kommunitäre Dimension, die für dieses Menschenrecht essenziell ist. Dass das Recht auf den Schutz von Ehe und Familie von vornherein ein gemeinschaftsbezogenes Recht darstellt, bedarf keiner Erläuterung, wohl aber der Klarstellung, dass im Horizont des Menschenrechtsansatzes nur solche Familienformen Anerkennung beanspruchen können, die der freien Selbstbestimmung der einzelnen Familienmitglieder angemessenen Raum geben. Man könnte die Liste der Beispiele verlängern, woran deutlich wird, dass Menschenrechte keineswegs auf die »Freiheit des Menschen als isolierter, auf sich zurückgezogener Monade« zielen,[165] wie Karl Marx gemeint hatte. Dadurch, dass jedem einzelnen Menschen seine grundlegenden Rechte garantiert werden, entstehen viel-

---

rechtsFragen. Volkmar Deile zum 65. Geburtstag, Karlsruhe 2008, S. 154–168.

165 Karl Marx, *Zur Judenfrage,* in: Marx-Engels-Werke, Bd. 1, Ost-Berlin 1970, S. 347–377, hier S. 354.

mehr überhaupt erst die Voraussetzungen für freie Gemeinschaftsbildungen: in Gestalt von Parteien, NGOs, Religionsgemeinschaften, Familien und anderen Lebensgemeinschaften, Gewerkschaften und Wirtschaftsunternehmen, kulturellen Vereinigungen usw.

Vor allem die Beschäftigung mit dem Thema Behinderung hat in den letzten Jahren darüber hinaus das Bewusstsein dafür geschärft, dass soziale Unterstützungsleistungen die Voraussetzung dafür bilden, dass Menschen überhaupt selbstbestimmt leben können.[166] Diese Einsicht betrifft keineswegs nur Personen mit Behinderungen, sondern alle Menschen. Denn letztlich kann niemand in Isolation und ohne Hilfe anderer selbstbestimmt leben. Den Geist der UN-Behindertenrechtskonvention könnte man formelhaft zusammenfassen in dem Motto »unterstützte Autonomie durch gleichberechtigte Inklusion«, womit die Trias der Französischen Revolution – Freiheit, Gleichheit, Brüderlichkeit – eine aktualisierte Lesart erfährt.

Nicht der oft beschworene Gegensatz von Individuum versus Gemeinschaft macht demnach die Pointe menschenrechtlicher Emanzipation aus. Vielmehr steht die durch menschenrechtliche Individualrechte zu ermöglichende *freie Gemeinschaftsbildung* in der doppelten Frontstellung gegen autoritäre, bevormundende Kollektivismen einerseits und gegen unfreiwilligen sozialen Ausschluss andererseits. Menschenrechtswidrig wären demnach zum Beispiel Familienformen, die auf erzwun-

---

[166] Vgl. Sigrid Graumann, *Assistierte Autonomie. Von einer Behindertenpolitik der Wohltätigkeit zu einer Politik der Menschenrechte,* Utrecht 2009.

gener Eheschließung basieren, Religionsgemeinschaften, die abtrünnige Mitglieder mit Gewalt bedrohen,[167] oder Volksdemokratien ohne Pressefreiheit und ohne Freiheitsrechte der Opposition. Ebenfalls unter Menschenrechtsgesichtspunkten inakzeptabel aber wären eine Wirtschaftspolitik, die die gesellschaftliche Exklusion von Dauerarbeitslosen gleichsam schulterzuckend hinnähme, oder eine gedankenlose gesellschaftliche Praxis, die Menschen mit Behinderungen faktisch vom öffentlichen Leben absondert.

Im Horizont der strukturbildenden menschenrechtlichen Prinzipien *Freiheit, Gleichheit und Inklusion* erweisen sich die einzelnen Menschenrechtsnormen als Bestandteile eines Gesamtzusammenhangs. Natürlich hat jedes Menschenrecht seine spezifischen Gehalte und Funktionen, durch die es sich von anderen Rechten unterscheidet. Es kommt auch vor, dass menschenrechtliche Normen miteinander kollidieren, so dass das Verhältnis zwischen ihnen immer wieder neu austariert werden muss. Und doch stehen die einzelnen Gewährleistungen nicht nur einfach nebeneinander (unter Umständen auch gegeneinander), sondern gehören inhaltlich zusammen. Sie bilden nicht etwa einen »Katalog«, aus dem man sich das heraussuchen könnte, was einem gerade passt, und in dem man das getrost ignorieren dürfte,

---

[167] Aufgrund der Staatsgerichtetheit der Menschenrechte müsste man in beiden Beispielen genauer sagen, dass die Menschenrechtswidrigkeit von Zwangsverheiratungen oder von religiös motivierten Drohungen gegenüber Dissidenten dann besteht, wenn die entsprechenden Phänomene entweder mit Unterstützung des Staates geschehen oder der Staat jedenfalls nicht genügend unternimmt, um die Betroffenen wirksam zu schützen.

was weniger opportun erscheint. Vielmehr sind die Menschenrechte unteilbar: Bei aller Spezifizität der einzelnen Normen ergänzen sie einander in der Zielsetzung, eine der Menschenwürde angemessene freiheitliche Sozialordnung zu gestalten.[168]

4. »Unveräußerliche Rechte« – juristisch gesehen

Neben der Fundierung des Universalismus und der egalitär-emanzipatorischen Ausrichtung der Menschenrechte hat die Idee der Menschenwürde auch die Funktion, den *besonderen Rang* der Menschenrechte zu begründen. Menschenrechte sind keine beliebigen Rechtstitel, die ein Mensch erwerben oder verlieren könnte, sondern haben den Status »unveräußerlicher« Rechte. Diese Figur der »inalienable rights«, die in der Allgemeinen Erklärung der Menschenrechte von 1948 sowie in ihrem Gefolge in Art. 1 Abs. 2 des Grundgesetzes angesprochen wird, lässt sich bis in die frühen Menschenrechtsdokumente des ausgehenden 18. Jahrhunderts zurückverfolgen. Wie Dietmar Willoweit gezeigt hat, markiert der Begriff der Unveräußerlichkeit geradezu den historischen Durchbruch der Menschenrechte überhaupt.[169]

---

[168] Der Begriff der Unteilbarkeit der Menschenrechte hat sich auf der Wiener Weltmenschenrechtskonferenz von 1993 durchgesetzt, die in ihrem Abschlussdokument festhält: »All human rights are universal, indivisible, interdependent and interrelated.« World Conference on Human Rights (1993). Vienna Declaration and Programme of Action, Nr. 5, Satz 1.

[169] Vgl. Dietmar Willoweit, *Die Veräußerung der Freiheit. Über den Unterschied von Rechtsdenken und Menschenrechtsdenken,* in: Heiner Bielefeldt u. a. (Hg.), *Würde und Recht des Menschen.* Festschrift für Johannes Schwartländer, Würzburg 1992, S. 255–268.

Auch Kant postuliert, dass der Mensch »unverlierbare Rechte« habe, »die er nicht einmal aufgeben kann, wenn er auch wollte«,[170] weil er sonst seine Würde als Verantwortungssubjekt verleugnen würde.

In der politischen oder juristischen Debatte stoßen Begriffe wie Unverletzlichkeit oder Unveräußerlichkeit nicht selten auf Skepsis. Auf der einen Seite steht der Verdacht, es handele sich um hohle, pathetische Formeln, denen im Ernstfall wenig praktischer Nutzen zukomme. Auf der anderen Seite gibt es Befürchtungen, dass pragmatische Kompromisse und Aushandlungsprozesse in Politik und Rechtsprechung durch solche »absolut« klingenden Ansprüche völlig blockiert werden könnten.

Wie also zeigt sich die Unveräußerlichkeit der Menschenrechte in der Praxis? Wichtig ist zunächst die Klarstellung, dass die Unveräußerlichkeit der Menschenrechte in den meisten Fällen nicht uneingeschränkte Geltung meint. Auch menschenrechtliche Verbürgungen stoßen immer wieder an Grenzen: Sie können untereinander kollidieren oder mit anderen hochrangigen Rechtsgütern ins Gehege kommen. Die Meinungsfreiheit kann in Konflikt mit Ansprüchen auf den Respekt vor der persönlichen Ehre geraten; das Verhältnis von Forschungsfreiheit und informationeller Selbstbestimmung birgt Spannungen in sich; und wie die Gleichberechtigung der Geschlechter mit Autonomieforderungen kultureller Minderheiten konsistent zusammengebracht werden kann, wird seit Jahrzehnten kontrovers erörtert. Ein zentrales Thema im Menschenrechtsdiskurs der letzten Jahre ist

---

[170] Immanuel Kant, *Über den Gemeinspruch: Das mag in der Theorie richtig sein, taugt aber nicht für die Praxis,* AA, Bd. VIII, S. 304 (A 264).

die Spannung zwischen menschenrechtlicher Freiheit und etwaigen Erfordernissen der Terrorismusbekämpfung. Über solche schwierigen Fragen wird in Parlamenten und Gerichten gestritten und entschieden.

Die Menschenrechte sind entsprechenden Aushandlungsprozessen also nicht insgesamt enthoben; sie fungieren nicht als Denkblockaden oder Tabus, wie manchmal gemutmaßt wird. Ihr herausgehobener Stellenwert zeigt sich vielmehr in einer ganzen Reihe von *Sicherungen* (gern auch »Schranken-Schranken« genannt), die dafür sorgen sollen, dass die Menschenrechte auch in Kollisions- oder Abwägungssituationen in ihrer Substanz gewahrt werden.[171] Damit der gleichermaßen richtige wie triviale Hinweis, dass auch die menschenrechtlich verbürgte Freiheit angesichts der Kontingenz menschlicher Lebensverhältnisse nur eine endliche, begrenzte Freiheit sein kann, nicht zu beliebigen Eingriffen oder gar zum faktischen Leerlaufen der Freiheitsrechte führt, bedarf es bestimmter Sicherungen, das heißt klarer Kriterien und Grenzen, innerhalb derer sich etwaige Abwägungen und Einschränkungen bewegen müssen.

Für einige Menschenrechtsnormen gilt, dass sie von vornherein keinerlei Einschränkungen beziehungsweise Eingriffe erlauben. Paradigmatisch dafür steht das Folterverbot. Es ist selbst in Krisensituationen allen legitimierbaren Einschränkungen entzogen. Dies hat mit dem spezifischen Charakter der Folter zu tun. Die Folter lässt sich mit Jörg Splett knapp als gewaltsame »Aufhebung der Willensfreiheit [...] bei Erhaltung des Be-

---

[171] Zur Schrankenproblematik vgl. Walter Kälin / Jörg Künzli, *Universeller Menschenrechtsschutz,* Basel/Baden-Baden 2005, S. 104ff.

wusstseins« definieren.[172] Das Besondere der Foltersituation besteht demnach nicht schon darin, dass dem Betroffenen durch Zwangsmittel der eigene *Wille ausgeschaltet* wird. Hinzu kommt, dass er diese Brechung seines Willens *bewusst erlebt* und erleben *soll*. Er darf eben nicht in die Ohnmacht versinken, sondern wird mit derselben Gewalt, die seinen Willen bricht, zugleich bei Bewusstsein gehalten. Auf diese Weise wird er gezwungen, Zeuge seiner eigenen Verdinglichung zu einem vollends manipulierbaren Bündel von Schmerz, Angst und Scham zu sein, um genau daran zu zerbrechen. Der Folterüberlebende Jean Améry beschreibt dies mit den Worten, dass »nur in der Tortur [...] die Verfleischlichung des Menschen vollständig« wird: »Aufheulend vor Schmerz ist der gewalthinfällige, auf keine Hilfe hoffende, zu keiner Notwehr befähigte Gefolterte nur noch Körper und sonst nichts mehr.«[173] Diese Totalverdinglichung, die der Betroffene zugleich bei vollem Bewusstsein erleben soll, macht das Perfide der Folter aus. In ihr wird der Achtungsanspruch des Menschen nicht nur verletzt, sondern systematisch, absichtlich und vollständig *negiert*.

Gestützt auf die Berichte Amérys betont Werner Maihofer den Charakter der Folter als Zivilisationsbruch: »Der Funktionär eines autoritären Systems, der mich nach Belieben und Willkür schlägt, verletzt so nicht einfach nur meinen Körper, er zerreißt zwischen uns, mit

---

172 Jörg Splett, *Theo-Anthropologie. Ein Antwortversuch*, in: Hans-Ludwig Ollig (Hg.), *Theo-Anthropologie*. Jörg Splett zu Ehren, Würzburg 2006, S. 105–113, S. 108.

173 Jean Améry, *Jenseits von Schuld und Sühne. Bewältigungsversuche eines Überwältigten*, 2., erw. Aufl. Stuttgart 1977, S. 64.

Wirkung ebenso für sich selbst wie für den anderen, den Sozialkontrakt, in dessen Grenzen sich im Kulturzustand zwischen Menschen alles Verhalten von Menschen zu Menschen, in welcher sozialen Rolle oder Lage auch immer, zu bewegen hat.«[174] Deshalb ist die Folter selbst in Extremsituationen einer möglichen Rechtfertigung schlechthin unzugänglich. Dass das Verbot der Folter und sonstiger Formen grausamer, unmenschlicher und erniedrigender Behandlung oder Bestrafung in allen relevanten internationalen und regionalen Menschenrechtskonventionen als absolutes (und im Übrigen auch notstandsfestes) Verbot formuliert ist, erweist sich als folgerichtig, ja es resultiert zwingend aus der Logik der Rechtsstaatlichkeit als solcher.

Auch hinsichtlich solcher Menschenrechtsnormen, die nicht insgesamt absolut gelten, gibt es *absolut geschützte Kernbereiche*.[175] Dies hat das Bundesverfassungsgericht beispielsweise in seiner Entscheidung zum Großen Lauschangriff in Erinnerung gebracht. Zum Recht auf Unverletzlichkeit der Wohnung stellt das Gericht fest: »Die Privatwohnung ist als ›letztes Refugium‹ Mittel zur Wahrung der Menschenwürde. Dies verlangt zwar nicht einen absoluten Schutz der Räume der Privatwohnung, wohl aber absoluten Schutz des Verhaltens in diesen Räumen, soweit es sich als individuelle Entfal-

---

[174] Werner Maihofer, *Die Würde des Menschen. Untersuchungen zu Artikel 1 des Grundgesetzes für die Bundesrepublik Deutschland,* Hannover 1967, S. 23.

[175] Vgl. Erhard Denninger, *Prävention und Freiheit. Von der Ordnung der Freiheit,* in: Stefan Huster / Karsten Rudolph (Hg.), *Vom Rechtsstaat zum Präventionsstaat,* Frankfurt a. M. 2008, S. 85–106, insbes. S. 103ff.

tung im Kernbereich privater Lebensgestaltung darstellt.«[176]

Dort, wo Einschränkungen von Menschenrechten prinzipiell möglich sind, bestehen gleichzeitig *inhaltliche und institutionelle Sicherungen,* die dafür sorgen sollen, dass solche Einschränkungen nicht den Wesensgehalt der jeweiligen Menschenrechte tangieren und dass sie sich insgesamt in einem vertretbaren Rahmen halten sowie in ihren Auswirkungen kontrollierbar bleiben.[177] So sind in einigen Menschenrechtsnormen die möglichen legitimen Einschränkungen beziehungsweise Eingriffe inhaltlich abschließend aufgezählt; auch der Gesetzgeber ist an diese Liste gebunden und kann nicht über sie hinausgehen.[178] Eine weitere Sicherung besteht in dem Erfordernis, dass im Rahmen der möglichen gesetzlichen Einschränkungen von Menschenrechten entsprechende *klare Normen* durch den Gesetzgeber formuliert werden müssen, damit die Betroffenen sich auf etwaige Eingriffe einstellen und gegebenenfalls auch dagegen vorgehen können. Es darf

---

176 Urteil des BVerfG: 1 BvR 2378/98–1 BvR 1084/99 vom 3. März 2004, Rdnr. 120 (= BVerfGE 109, 279, 314).

177 Im Einzelnen sind diese Sicherungen unterschiedlich ausgestaltet; dies macht das Thema kompliziert. Die Garantie der Religionsfreiheit im Grundgesetz unterscheidet sich diesbezüglich von der Meinungsfreiheit; und für die Versammlungsfreiheit gelten etwas andere Regeln als für die gewerkschaftliche Koalitionsfreiheit. Hinzu kommt, dass auch die nationalen, regionalen und internationalen Normierungsebenen – Grundgesetz, Europäische Menschenrechtskonvention, globale Menschenrechtsabkommen der Vereinten Nationen – diesbezüglich relevante Unterschiede aufweisen.

178 Besonders detailliert sind beispielsweise die legitimen Eingriffe in das Recht auf persönliche Freiheit in Art. 5 der Europäischen Menschenrechtskonvention formuliert; die Liste der möglichen Eingriffe ist als abschließende Aufzählung zu verstehen.

nicht sein, dass die Administration auf eigene Faust in menschenrechtlich geschützte Bereiche eingreift; vielmehr ist in Fragen möglicher Menschenrechtseinschränkungen der parlamentarische *Gesetzgeber gefordert,* der öffentlich darüber beraten und in einem allgemein formulierten Gesetz entscheiden soll.

Gesetzliche Beschränkungen menschenrechtlicher Freiheit müssen außerdem *verhältnismäßig* sein. Das für den Rechtsstaat zentrale Verhältnismäßigkeitsprinzip verlangt, dass etwaige Einschränkungen beziehungsweise Eingriffe einem wichtigen und legitimen Zweck dienen sowie für die Erreichung dieses Zwecks auch tatsächlich *geeignet, erforderlich und angemessen* sein müssen. Das Kriterium der »Geeignetheit« soll bloß symbolische legislative oder administrative Maßnahmen ausschließen, die womöglich lediglich dazu dienen, politische Entschlossenheit zu demonstrieren. Das Kriterium der »Erforderlichkeit« verlangt die beständige Suche nach dem jeweils mildesten Eingriff zur Erreichung eines politischen Ziels. Eine sicherheitspolitische Maßnahme beispielsweise, deren Zweck plausiblerweise auch durch einen weniger weit reichenden Eingriff erreicht werden könnte, wäre deshalb illegitim. Und schließlich beinhaltet das Kriterium der »Angemessenheit« (meist »Verhältnismäßigkeit im engeren Sinne« genannt) die Verpflichtung, dass Eingriffe sowohl hinsichtlich ihrer Tiefe wie hinsichtlich ihrer Streubreite in einem angemessenen Rahmen verbleiben müssen. Anhand seiner drei Subkriterien – Geeignetheit, Erforderlichkeit, Angemessenheit – funktioniert das Verhältnismäßigkeitsprinzip als eine Art »Freiheitsverträglichkeitsprüfung«, bei der stets derjenige die Beweislast zu tragen hat, der für konkrete Einschränkungen der Freiheitsrechte plädiert.

Außerdem zu nennen wären *Richtervorbehalte,* die eine spezifische institutionelle Schwelle für etwaige Eingriffe darstellen. Schließlich müssen *Rechtsmittel* zur Verfügung stehen, die es den Betroffenen ermöglichen, sich gegen Eingriffe wirksam zur Wehr zu setzen. Dazu zählen Auskunftsrechte genauso wie die Möglichkeit, den Rechtsweg bis hin zum Bundesverfassungsgericht und darüber hinaus zum Europäischen Gerichtshof für Menschenrechte beziehungsweise zu Beschwerdegremien der Vereinten Nationen zu beschreiten.

Die Würde des Menschen als eines Verantwortungssubjekts findet ihre Anerkennung somit einerseits in der inhaltlichen Substanz der menschenrechtlichen Gewährleistungen. Sie fundiert andererseits aber auch jene ausdifferenzierten Regelungen, die einen sorgsamen, präzisen, schonenden und rechtsstaatlich kontrollierbaren Umgang mit etwaigen Beschränkungen der menschenrechtlichen Freiheit sicherstellen sollen. In einem besonderen Modus der »Unmittelbarkeit« manifestiert sich der Zusammenhang zwischen Menschenwürde und Menschenrechten darüber hinaus schließlich in denjenigen Normen, die wie das Folterverbot jeder Abwägung oder Relativierung kategorisch entzogen sind; die Unverrechenbarkeit der Menschenwürde schlägt hier direkt in ein kategorisches Verbot durch, dessen strikter Beachtung über die praktische Schutzfunktion für die von Folter und Misshandlung bedrohten Menschen hinaus zugleich eine hohe symbolische Relevanz für das Selbstverständnis des demokratischen Rechtsstaats zukommt.[179]

---

179 Es ist deshalb besorgniserregend, dass seit einigen Jahren auch in Deutschland Ausnahmen vom Folterverbot mit Hinweis auf etwaige

5. »Unveräußerliche Rechte« – moralisch gesehen

Der Begriff der Unveräußerlichkeit der Menschenrechte lässt sich auch *als moralischer Imperativ* lesen. Den Grund dafür bietet wiederum die Menschenwürde. Sie bildet, wie Habermas schreibt, »gleichsam das Portal, durch das der egalitär-universalistische Gehalt der Moral ins Recht importiert wird. Die Idee der menschlichen Würde ist das begriffliche Scharnier, welches die Moral der gleichen Achtung für jeden mit dem positiven Recht und der demokratischen Rechtssetzung so zusammenfügt, dass aus deren Zusammenspiel unter entgegenkommenden historischen Umständen eine auf Menschenrechte begründete politische Ordnung hervorgehen konnte.«[180]

Gerade die enge Verknüpfung von Recht und Moral ruft allerdings immer wieder Befürchtungen im Hinblick auf eine autoritäre Moralisierung auf den Plan.[181] Moralisches Pathos und vor allem die Beschwörung der Menschenwürde, so der Einwand, drohten die in den Menschenrechten gewährleistete Freiheit durch eine Art Moralvorbehalt wieder zurückzunehmen oder zumindest einzuschränken. Am Ende könnten dann womöglich nur

Rechtsgüter- beziehungsweise Pflichtenkollisionen für »denkmöglich« erklärt oder sogar offen propagiert werden. Gegen die Möglichkeit einer rechtfertigenden Pflichtenkollision im Bereich des Art. 1 Abs. 1 GG vgl. Jochen von Bernstorff, *Pflichtenkollision und Menschenwürdegarantie. Zum Vorrang staatlicher Achtungspflichten im Normbereich von Art. 1 GG*, in: Der Staat 47/1 (2008), S. 21–40.

[180] Jürgen Habermas, *Das utopische Gefälle. Das Konzept der Menschenwürde und die realistische Utopie der Menschenrechte*, in: Blätter für deutsche und internationale Politik 55/8 (2010), S. 43–53, hier S. 46f.

[181] Vgl. David Feldmann, *Human Dignity as a Legal Value*, in: Public Law 50 (1999), S. 682–702; 51 (2000), S. 61–76.

noch diejenigen von ihren Freiheitsrechten Gebrauch machen, die sich ihrer zuvor als »würdig« erwiesen hätten.

Diese Befürchtungen lassen sich nicht von der Hand weisen. Kein normatives Konzept ist von vornherein dagegen geschützt, ins Autoritäre abzurutschen. Aus der Mitte einer freiheitlichen Demokratie können populistische Tendenzen erwachsen, innerhalb deren für eine kritische Debatte am Ende womöglich kein Raum mehr bleibt. Und auch unter dem Banner von Menschenwürde und Menschenrechten kann sich ein moralischer Fundamentalismus entwickeln, der wenig Geduld mit abweichenden politischen Überzeugungen zeigt. Dass menschenrechtliches Engagement in moralisierenden Eifer umschlägt, ist keine ganz exzeptionelle Erfahrung.[182]

Genau deshalb ist die relative Eigenstruktur des Rechts so wichtig. Dass die Menschenrechte in positiv-rechtlichen Normen und Institutionen Gestalt gewinnen, dient nicht nur ihrer effizienten Durchsetzung. Die juristische Positivierung hat ganz wesentlich auch den Sinn, dafür zu sorgen, dass der emanzipatorische Gehalt der Menschenrechte nicht in vormundschaftliche Befreiungsideologien entgleitet, wofür es seit der jakobinischen Phase der Französischen Revolution zahlreiche historische Beispiele gibt. Auf ihr institutionell verbrieftes Recht der Meinungsfreiheit können deshalb auch diejenigen pochen, deren Ansichten aus menschenrechtlicher Sicht wenig sympathisch klingen. Die Religionsfreiheit schützt nicht nur dezidiert liberale theologische Richtungen. Und auch die Versammlungsfreiheit gilt nicht nur für Bewe-

---

182 Vgl. Christian Pross, *Verletzte Helfer. Umgang mit dem Trauma: Risiken und Möglichkeiten sich zu schützen*, Stuttgart 2009, S. 101ff.

gungen, die sich in Wort und Tat zuvor zu den Menschenrechten bekannt haben.

Die rechtsinstitutionelle Gestalt der Menschenrechte hat somit unter anderem die Funktion, ihre freiheitliche Orientierung gegen eine falsche Moralisierung zu schützen, die, wenn man nicht wachsam bleibt, womöglich sogar im Namen genau derselben Menschenrechte drohen kann. Deshalb bleiben Recht und Moral notwendig unterschieden. Eine Moral, die keinen Sinn für die Eigenstruktur des Rechts hat, wird sehr schnell übergriffig und damit autoritär, und zwar auch dann, wenn sie ihrem Selbstverständnis nach »emanzipatorisch« ausgerichtet sein sollte.

Die Differenz zwischen Recht und Moral meint aber keine Trennung zweier beziehungslos nebeneinander existierender Normbereiche. Ganz im Gegenteil hat die Eigenstruktur des Rechts gewissermaßen selbst einen moralischen Sinn, indem sie dazu verhilft, eine *Moral des Respekts vor der Freiheit der Menschen* zu entwickeln und zu pflegen.[183] Die Menschenrechte bedürfen des moralischen Engagements, aber eben eines solchen Engagements, das die *Eigenstruktur des Rechts* gewissermaßen in sich selbst aufgenommen hat. Dies zeigt sich beispielsweise im Eintreten für die Meinungsfreiheit auch derjenigen, die scharf konkurrierende Positionen vertreten, im Bemühen, stereotype Zuschreibungen gegen religiöse Minderheiten zu durchbrechen, selbst wenn man deren

---

[183] Dies gilt übrigens auch für die Beziehung zwischen Moral und Recht bei Kant, die bei aller Klarheit der Differenzierung gerade nicht als rechtspositivistische Trennung missverstanden werden darf. Vgl. dazu Friedrich Kaulbach, *Moral und Recht in der Philosophie Kants*, in: Jürgen Blühdorn / Joachim Ritter (Hg.), *Recht und Ethik. Zum Problem ihrer Beziehung im 19. Jahrhundert*, Frankfurt a. M. 1970, S. 43–58.

Überzeugungen nicht nachvollziehen kann, oder in der Anerkennung alternativer Lebens- und Familienformen, die einem selbst fremd bleiben mögen.

Die positiv-rechtliche Eigenstruktur der Menschenrechte bedeutet keine Verminderung ihres moralischen Anspruchs, sondern dient dazu, genau diesen Anspruch in seiner Liberalität zu sichern. Deshalb wäre es ein Missverständnis, Moral und Recht voneinander zu entkoppeln und die moralische Fundierung der Menschenrechte in der Menschenwürde auszublenden. Die notwendige *Differenzierung* zwischen Recht und Moral meint nicht abstrakte Beziehungslosigkeit, sondern ist genau besehen ein Moment ihrer angemessenen *Verknüpfung*. Nur eine Moral, die den Sinn für die Eigenstruktur rechtlicher Normen und Institutionen wahrt, kann ihre eigene freiheitliche Orientierung auf Dauer durchhalten, und nur ein Rechtsdenken, das für den moralischen Anspruch der Menschenwürde sensibel bleibt, kann die »Unveräußerlichkeit« der elementaren Freiheitsrechte innerjuristisch nachhaltig zur Geltung bringen.

Die moralische Fundierung der Menschenrechte kommt freilich nicht immer klar zur Sprache. Hinter der auch in menschenrechtlich interessierten Kreisen gelegentlich zu beobachtenden skeptischen Zurückhaltung gegenüber einer stark moralischen Rhetorik mag sich oft genug ein *unausgesprochenes moralisches Interesse* verbergen, nämlich eine Wertschätzung der Rechte freier Selbstbestimmung, die man durch moralisierende Zumutungen gefährdet sieht. Wenn dieses »moralische« Interesse aus einer ja keineswegs per se falschen Angst vor »Moralisierungen« heraus allerdings überhaupt nicht mehr zu Wort kommt, entstehen typische Missverständnisse und Selbst-Missverständnisse. Es bleibt dann am Ende womöglich kein Argument mehr übrig, um denjenigen selbstbewusst zu widersprechen, die die Freiheitsrechte auf die Belanglosigkeiten der »Spaß- und Wohlstandsgesellschaft«[184] reduzieren und damit banalisieren.

Besonders gravierend können sich solche Missverständnisse in der Auseinandersetzung mit Anhängern autoritärer und fundamentalistischer Ideologien auswirken. Auf verschiedenen Menschenrechtskonferenzen zwischen Deutschland und Iran[185] konnte man etwa erleben, dass die deutsche Seite gelegentlich Schwierigkeiten hatte, auf die von Vertreterinnen und Vertretern des iranischen Regimes vorgebrachte autoritäre Moral-Semantik angemessen zu reagieren. Sie überließ das Feld der »moralischen Werte« oft genug der iranischen Seite und konzentrierte sich stattdessen lieber auf die Einforderung positivierter internationaler Rechte. Auf diese Weise bediente sie, ohne es zu wollen, haargenau ein antiliberales Stereotyp religiöser Fundamentalisten, die von vornherein unterstellen, dass die liberale Gesellschaft nur noch auf angeblich moralisch indifferente, egoistisch verengte Rechtsansprüche fixiert sei. Hinter den Freiheitsrechten, so das Klischee, stünden letztlich nur hedonistische Interessen auf rücksichtslose Selbstverwirklichung – und außerdem natürlich die Strategien trickreicher Rechtsanwälte, die aus den Konflikten der liberalen Gesellschaft Kapital zu schlagen wüssten.

---

[184] So Otto Depenheuer, *Selbstbehauptung des Rechtsstaats*, Paderborn 2007, S. 104.

[185] Ich beziehe mich auf Konferenzen des deutsch-iranischen Menschenrechtsdialogs, die in den 1990er Jahren in Hamburg und Teheran stattfanden und an denen ich teilweise mitgewirkt habe.

Eine wechselseitige Abschottung von Rechte-Semantik und Moral-Semantik läuft darauf hinaus, die Idee der Menschenrechte zu zerschneiden. Dass die Anerkennung der Freiheit – in Respekt vor der Menschenwürde – moralisch gehaltvoll ist, kommt dann nicht mehr zur Sprache. Im Ergebnis kann dies sogar dazu führen, dass sich die moralische Emphase weg von den Menschenrechten auf deren *Negation* verschiebt. Nicht das Folterverbot erscheint dann plötzlich als der moralische Ernstfall, sondern seine *Durchbrechung* bei der Abwehr krimineller oder terroristischer Gefahren. In der Folterdiskussion der letzten Jahre waren auch in Deutschland tatsächlich immer wieder Stimmen zu vernehmen, die die Bereitschaft zum Einsatz der Folter als einen heroischen Akt des moralischen Nonkonformismus adeln wollten und dabei gelegentlich Vergleiche mit dem »zivilen Ungehorsam« anstellten.[186] Im Gegenzug wurde die Verteidigung des Folterverbots durch Menschenrechtsorganisationen zum papierenen Konformismus derjenigen herabgestuft, die lediglich am juristischen Status quo festhalten.[187]

Besonders die Jünger Carl Schmitts bemühen gern das moralische Pathos der Ausnahme gegen die bloße Routine juristischer Regelwerke, um durch eine solche Antithese Freiheitsrechte und rechtsstaatliche Grundsätze in großem Stil zu diskreditieren. Mit einem solchen Gestus hat zum Beispiel Otto Depenheuer die Figur des »Bürger-

---

186 Diesen Vergleich bemüht z. B. Dietmar von der Pfordten, *Ist staatliche Folter als fernwirkende Nothilfe ethisch erlaubt?*, in: Wolfgang Lenzen (Hg.), *Ist Folter erlaubt? Juristische und moralische Aspekte*, Paderborn 2006, S. 149–172, hier S. 169.

187 Vgl. Rainer Trapp, *Folter oder selbstverschuldete Rettungsbefragung?*, Paderborn 2006, S. 141.

opfers« in die Diskussion gebracht:[188] Im Kampf des Staates gegen den Terrorismus, so Depenheuer, sollten die Mitglieder der Rechtsgemeinschaft bereit sein, menschenrechtliche Kollateralschäden – notfalls bis hin zur Preisgabe des Rechts auf Leben – als »Bürgeropfer« zugunsten des Gemeinwesens hinzunehmen. Während der Abbau menschenrechtlicher Garantien auf diese Weise moralisch zum verfassungspatriotischen Martyrium hochstilisiert wird, erscheint der Einsatz für die Wahrung der Menschenrechte zuletzt nur als feige Realitätsverweigerung in Zeiten terroristischer Bedrohung und als eine Haltung des spießigen »ohne mich«.[189]

Die moralische Diskreditierung der Menschenrechte durch fundamentalistische Ideologen oder rechte Staatstheoretiker bildet die Kehrseite jenes liberalen Understatements, das sich – teilweise aus nachvollziehbaren Gründen – davor scheut, den moralischen Gehalt der Freiheitsrechte offensiv zu artikulieren. Deshalb ist die Besinnung auf die moralische Basis der Menschenrechte *gerade um der Freiheit willen* unverzichtbar. Es kann dabei natürlich nicht darum gehen, juristische und moralische Fragen schlicht in einen Topf zu werfen. Die Eigenstruktur juristischer Normgestaltungen ist eine liberale Errungenschaft, hinter die man nicht zurückgehen kann und soll. Und dennoch bleibt es wichtig, dass der juristische Menschenrechtsdiskurs sich nicht positivistisch von seinen moralischen Quellen abschnürt, sondern auch in die Sprache der Moral (rück-)übersetzt

---

[188] Vgl. Depenheuer (wie Anm. 184), S. 75ff.

[189] Vgl. Depenheuer (wie Anm. 184), S. 85: »Desertion, d. h. Austritt aus dem Staatsverband, bleibt das unveräußerliche Recht des Bürgers.« Diese Äußerung ist sarkastisch gemeint.

werden kann. Nur so ist es möglich, die Freiheitsrechte gegen die Verwechslung mit den seichten Interessen einer bloßen »Spaßgesellschaft« zu verteidigen und sie als einen »unveräußerlichen« Anspruch zu begreifen, der gleichermaßen juristische wie moralische Herausforderungen in sich birgt.

Auf globaler Ebene wurde das Verhältnis von Recht und Moral übrigens in den Jahren 1997 und 1998 einige Monate lang grundsätzlich debattiert. Auslöser war das Projekt, zum 50. Jahrestag der Allgemeinen Erklärung der Menschenrechte eine »Allgemeine Erklärung der Menschenpflichten« (auf Englisch: »Universal Declaration of Human Responsibilities«) von den Vereinten Nationen verabschieden zu lassen.[190] Dieses Projekt, hinter dem ein internationales Gremium ehemaliger Staats- und Regierungschefs stand, ist letztlich gescheitert. Aufgrund mancher doppeldeutiger Formulierungen leistete der Text dem möglichen Missverständnis Vorschub, die Menschenrechtserklärung von 1948 sei bislang ohne eigentliche moralische Substanz gewesen, die nun erst durch die Pflichtenerklärung gewissermaßen ergänzend von außen eingefügt werden sollte. Dies hätte autoritären Vorbehalten gegen die Menschenrechte nur neue Nahrung gegeben.[191] Menschenrechtsorganisationen haben das schlussendliche Scheitern der Allgemeinen

---

[190] Vgl. Helmut Schmidt (Hg.), *Allgemeine Erklärung der Menschenpflichten. Ein Vorschlag,* München/Zürich 1997.

[191] Vgl. Volkmar Deile, *Rechte bedingungslos verteidigen. Es bedarf keines Pflichtenkataloges, um die Würde des Menschen zu schützen,* in: DIE ZEIT vom 21. November 1997; Franz-Josef Hutter, *No rights. Menschenrechte als Fundament einer funktionierenden Weltordnung,* Berlin 2003, S. 154ff.

Erklärung der Menschenpflichten daher begrüßt. Und dies zu Recht: Denn als Konsequenz der »Anerkennung der innewohnenden Würde und der gleichen und unveräußerlichen Rechte aller Mitglieder der menschlichen Familie« erweist sich die Allgemeine Erklärung der Menschenrechte von 1948 als ein von vornherein eminent moralisches Projekt, das eine externe Moralzufuhr durch die Pflichtenerklärung niemals nötig hatte.[192]

[192] Vgl. Thomas Hoppe (Hg.), *Menschenrechte – Menschenpflichten.* Beiträge eines gemeinsamen Symposiums der Deutschen Kommission Justitia et Pax und der Wissenschaftlichen Arbeitsgruppe für weltkirchliche Aufgaben, Bonn 1999.

VI. Säkulares Konzept und religiöse Deutung

1. Zwischen Krypto-Theologie und Religionskritik

Der Verfassung einer modernen pluralistischen Gesellschaft ein bestimmtes religiös fundiertes Konzept von Menschenwürde verbindlich einzuschreiben, kann nicht sinnvoll sein. Vor allem stünde dies in Widerspruch zu dem Postulat, dass die staatliche Rechtsordnung als »Heimstatt aller Staatsbürger«, quer zu ihren unterschiedlichen religiösen oder weltanschaulichen Überzeugungen, dienen soll, wie das Bundesverfassungsgericht es formuliert hat.[193] Deshalb hatte schon der Parlamentarische Rat (wenn auch nur mit knapper Mehrheit) dagegen votiert, die Menschenwürde im Grundgesetz unmittelbar religiös zu begründen, und es bei einem säkularen Wortlaut belassen. Was für die nationale Verfassung gilt, trifft auch – vielleicht sogar erst recht – für supranationale oder internationale Rechtsordnungen zu, etwa die Europäische Union, den Europarat oder die Vereinten Nationen, die sich ebenfalls als säkular verstehen. Dass, wie schon erwähnt, der von Brasilien eingebrachte Vorschlag, der UN-Erklärung von 1948 ein religiöses Fundament einzuziehen (nämlich durch eine biblische Begründung der Menschenwürde) von einer überwältigenden Mehrheit der Delegier-

[193] Vgl. BVerfGE 19, 206, 216: »Das Grundgesetz legt [...] dem Staat als Heimstatt aller Staatsbürger ohne Ansehen der Person weltanschaulich-religiöse Neutralität auf.« Diese Formel findet sich in der Rechtsprechung des Bundesverfassungsgerichts in Varianten häufig wieder.

ten zurückgewiesen wurde, kann nicht überraschen, sondern ist nur konsequent.

Nun trägt der Begriff der Säkularität bekanntlich die Erblast historischer Konflikte, die in Europa zwar vorüber sind, gleichwohl in mancher Hinsicht bis heute nachklingen.[194] Dies führt dazu, dass der Begriff höchst kontroversen Deutungen ausgesetzt bleibt, die sich zwischen krypto-theologischen Besitzansprüchen und religionskritischen Kulturkampfparolen bewegen. Dies lässt sich gerade im Umgang mit dem säkularen Konzept der Menschenwürde beobachten und bildet eine Quelle für viel Verwirrung und manchen Streit.

Auch in religiös-konservativen Kreisen in Europa hat man sich mit dem säkularen Rechtsstaat längst arrangiert. Die schrillen Töne, in denen Säkularität schlicht mit Nihilismus gleichgesetzt und der säkulare Staat als gottloser Staat denunziert wurde, sind verklungen. An die Stelle schroffer Ablehnung ist eine Einstellung getreten, die den säkularen Rechtsstaat *konditional bejaht,* nämlich unter der Annahme, dass auch in ihm nach wie vor religiöse, näherhin christliche Einflüsse hintergründig am Werke seien. Mehr noch: Der säkulare Rechtsstaat solle insgesamt als späte Frucht der Weisung Jesu verstanden werden: »Gebt dem Kaiser, was des Kaisers ist, und Gott, was Gottes ist«.[195] Die säkularen Menschen-

---

[194] Vgl. Hermann Lübbe, *Säkularisierung. Geschichte eines ideenpolitischen Begriffs,* Freiburg i. Br./München 1965.

[195] Markus 12,17 parr. – Vgl. die Position des vatikanischen Ökumene-Beauftragten Kardinal Walter Kasper in einem Interview im SPIEGEL 38/2006 (18. September 2006), S. 75: »Für das heutige Christentum ist die Unterscheidung von religiöser und weltlicher Ordnung grundlegend. Diese Unterscheidung stellt sowohl gegenüber dem Judentum wie gegenüber dem Islam eine Neuerung und einen Vorzug dar, welche die Ge-

rechte erscheinen analog dazu als modernes Äquivalent der traditionellen christlichen Ethik, und die Idee der Menschenwürde kommt zum Zuge als Säkularisat der biblischen Gottesebenbildlichkeit.[196] Auf die Spitze getrieben, findet sich diese Position in Carl Schmitts *Politischer Theologie,* in der verkündet wird: »Alle prägnanten Begriffe der modernen Staatslehre sind säkularisierte theologische Begriffe.«[197]

Die traditionelle *Unrechtskomponente,* die Begriffen wie Säkularisation, Säkularisierung, Säkularität sowie ihren weiteren sprachlichen Derivaten aus kirchlicher Perspektive lange Zeit anhaftete – nämlich die illegitime Inbesitznahme kirchlicher Güter durch die weltliche Gewalt – ist in einer solchen konservativen Sichtweise nicht restlos verschwunden. Sie führt aber nicht mehr zur Forderung nach Rückerstattung, sondern konzentriert sich darauf, gleichsam die *öffentliche Erinnerung an die ursprünglichen Besitzverhältnisse* anzumahnen. Das viel zitierte Diktum von Ernst-Wolfgang Böckenförde, dass der freiheitliche, säkularisierte Verfassungsstaat von Voraussetzungen zehre, die er selbst nicht garantieren könne,[198] wird oft genau in diesem Sinne verstanden,

---

stalt Europas geprägt hat. Sie ist in dem Wort grundgelegt, man solle dem Kaiser geben, was des Kaisers ist, und Gott, was Gottes ist.«

[196] Vgl. Jozef Punt, *Die Idee der Menschenrechte. Ihre geschichtliche Entwicklung und ihre Rezeption durch die moderne katholische Sozialverkündigung,* Paderborn 1987, S. 162ff.

[197] Carl Schmitt, *Politische Theologie. Vier Kapitel zur Lehre von der Souveränität,* Berlin 1990 (unveränderter Nachdruck der 2. Aufl. von 1934), S. 49.

[198] Vgl. Ernst-Wolfgang Böckenförde, *Die Entstehung des Staates als Vorgang der Säkularisation,* in: ders., *Staat – Gesellschaft – Freiheit. Studien zur Verfassungstheorie und zum Verfassungsrecht,* Frankfurt a. M. 1976, S. 42–64, hier S. 60.

dass das Gemeinwesen letztlich auf religiösen, näherhin christlichen Grundlagen aufruhe, die es deshalb von Staats wegen besonders zu pflegen gelte. Wenn die christliche Prägung in ihrer *konstitutiven Funktion* zumeist nicht ausdrücklich angesprochen wird, so scheint dies lediglich der Rücksichtnahme auf Andersgläubige und Ungläubige geschuldet zu sein, die man nicht mit allzu starken Bekenntniszumutungen erschrecken will.

Dass normative Konzepte von Menschenwürde und Menschenrechten einen von religiöser Begründung *unabhängigen* und in sich selbst tragfähigen Geltungsanspruch erheben können, wird in der krypto-theologischen Perspektive im Grunde bestritten. Die »Säkularität« zentraler normativer Konzepte von Staat und Recht erscheint infolgedessen als bloßes Oberflächenphänomen, nämlich als eine lediglich semantische Konzession an die moderne pluralistische Gesellschaft, der man auf diese Weise die Provokation einer offen propagierten christlichen Leitkultur erspare. Die eigentliche normative Substanz, so wird unterstellt, hänge jedoch nach wie vor an den religiösen Quellen, die nicht austrocknen dürften. So bedauert Anton Rauscher in einem Aufsatz mit dem Titel *Die christlichen Wurzeln der Menschenwürde,* dass es bei der Formulierung der UN-Erklärung von 1948 nicht gelungen sei, die Begründung der Menschenrechte »auf Gott als den Schöpfer des Menschen zurückzuführen«, um dann gleich hinzuzufügen: »Aber man einigte sich wenigstens auf die Qualifizierung der Menschenrechte als ›unantastbar‹«.[199] Begriffe wie Unantastbarkeit liest

[199] Anton Rauscher, *Die christlichen Wurzeln der Menschenwürde,* in: ders., *Kirche in der Welt,* Bd. 4, Würzburg 2006, S. 189–197, hier

er offenbar als in säkularer Juristensprache formulierte religiöse Chiffren.

Eine ähnliche Sichtweise vertritt auch Josef Isensee. Ohne Vergewisserung des religiösen Ursprungs der Menschenwürde kann die säkulare Gesellschaft »auf der Suche nach dem Absoluten« seiner Überzeugung nach nur grandios scheitern. Genau in diesem Sinne deutet er die aktuelle Kontroverse um die Würde des Menschen: »Der Fels, an dem sich die Wellen brechen sollten, gerät seinerseits ins Schwimmen. Die Absolutheitsvorstellung von Menschenwürde ist gescheitert. Der Fluch des Relativismus hat die Interpretation der Menschenwürde eingeholt.«[200] Als Ausweg empfiehlt Isensee, statt sich mit irgendwelchen zivilreligiösen Formeln zu begnügen, nun endlich wieder »auf echte Religion zurückzugehen und das Christentum zu befragen«.[201] Nur von dorther lasse sich ein tragfähiges Verständnis der Menschenwürde gewinnen.

Die krypto-religiöse Lesart der Säkularität von Menschenwürde und Menschenrechten birgt eine Reihe von Schwierigkeiten in sich. Zunächst erscheint es historisch wenig plausibel, den lang anhaltenden Widerstand der christlichen Großkirchen gegen die säkularen Menschenrechte und die ihnen inhärenten normativen Prinzipien zu einer Marginalie, zu einem bloßen »Missverständnis« herunterzustufen. Die katholische Kirche hat bekannt-

S. 196. Nebenbei bemerkt, findet sich das Adjektiv »unantastbar« in der UN-Erklärung überhaupt nicht. Wohl ist die Rede davon, dass die Menschenrechte »unveräußerlich« sind, was aber nicht nur sprachlich einen Unterschied macht.

200 Josef Isensee, *Menschenwürde: die säkulare Gesellschaft auf der Suche nach dem Absoluten*, in: Archiv des öffentlichen Rechts 131 (2006), S. 173–218, hier S. 199.

201 Isensee, Menschenwürde (wie Anm. 200), S. 199.

lich erst auf dem Zweiten Vatikanischen Konzil den endgültigen Durchbruch zur Anerkennung der Religionsfreiheit erreicht, die sie zuvor von höchster Stelle wiederholt scharf zurückgewiesen, ja zu den verwerflichen Irrtümern der modernen Welt gezählt hatte.[202] Erst mit der Konzilserklärung *Dignitatis Humanae* von 1965 ist diese kulturkämpferische Frontstellung kirchlicherseits offiziell überwunden worden.[203] Auch die protestantischen Kirchen formulierten erst nach dem Zweiten Weltkrieg in der Breite Bekenntnisse zu den säkularen Menschenrechten.[204] Und wenn man den Blick in die Länder der christlichen Orthodoxie und die Einflusssphäre des Islams ausweitet, wird offenkundig, dass die Klärung des Spannungsverhältnisses zwischen religiöser Tradition und der modernen Säkularität von Staat, Recht und Menschenrechten weltweit alles andere als klar ist.

Darüber hinaus führt die krypto-theologische Okkupierung von Menschenwürde und Menschenrechten in systematische Aporien. Die qualitative Differenz zwischen einem traditionellen Konfessionsstaat und dem modernen säkularen Rechtsstaat geht auf diese Weise nämlich völlig verloren. Das »Bekenntnis« des Grundgesetzes zu den in der Würde gegründeten Menschenrechten erscheint dann als bloße *Fortsetzung vormoderner Konfessionsstaatlichkeit* – allenfalls mit dem Unterschied, dass die konfessionelle Profilierung weniger scharf ausge-

---

202 Vgl. Konrad Hilpert, *Die Menschenrechte. Geschichte – Theologie – Aktualität,* Düsseldorf 1991, S. 138ff.

203 Vgl. Ernst-Wolfgang Böckenförde, *Religionsfreiheit. Die Kirche in der modernen Welt,* Freiburg i. Br. 1990.

204 Vgl. Wolfgang Huber / Heinz Eduard Tödt, *Menschenrechte. Perspektiven einer menschlichen Welt,* Stuttgart 1977, S. 55ff.

prägt, sondern um des gesellschaftlichen Friedens willen etwas »kryptisch« geraten ist. Analog dazu gilt, dass sich der internationale Einsatz für die Menschenrechte kategorial scheinbar immer noch auf derselben Ebene bewegt wie die traditionelle christliche Missionstätigkeit. Wolfgang Fikentscher spricht dies offen aus, wenn er ironisch einwirft, dass die Propagandisten internationaler Menschenrechte, meist ohne es zu bedenken, die Arbeit christlicher Missionare unter modernen Vorzeichen fortsetzen: »Unwissend betreiben sie mit ihren politischen Bestrebungen christliche Mission.«[205] Die Kreuzzugsrhetorik, in die die amerikanische Regierung unter Präsident Bush jun. hin und wieder verfallen ist, wäre demnach so falsch dann eigentlich nicht.

Die krypto-theologische Lesart der Säkularität, dies ist der Kern des Problems, führt ungewollt zu einer Delegitimierung des säkularen Verfassungsrechts beziehungsweise der säkularen internationalen Menschenrechte. Sie spielt außerdem denen in die Hände, die insbesondere im Verweis auf die Menschenwürde ein verkapptes theologisches Erbe sehen, dessen Dominanzanspruch nun endlich entschieden gebrochen werden müsse.

Für die Vertreter eines prinzipiell religionskritischen Säkularitätsverständnisses ist es in der Tat kennzeichnend, dass sie die krypto-theologischen Annahmen religiös Konservativer in der Regel teilen, daraus aber genau die entgegengesetzten Konsequenzen ziehen. So sieht

---

205 Wolfgang Fikentscher, *Die heutige Bedeutung des nicht-säkularen Ursprungs der Grundrechte,* in: Ernst-Wolfgang Böckenförde / Robert Spaemann (Hg.), *Menschenrechte und Menschenwürde. Historische Voraussetzungen – säkulare Gestalt – christliches Verständnis,* Stuttgart 1987, S. 43–73, hier S. 64.

Norbert Hoerster in der Menschenwürde einen Begriff, der »dazu herhalten muss, den normativen Konsequenzen eines stillschweigend vorausgesetzten religiösen Menschenbildes eine scheinbare säkulare Legitimation zu geben«.[206] Diese Einschätzung fügt sich nahtlos ein in die Positionen, wie sie in der Jüngerschaft Carl Schmitts oder in religiös konservativen Zirkeln kursieren. Allerdings fällt die Bewertung ganz anders aus: Genau deshalb, weil das Konzept der Menschenwürde durch und durch christlich geprägt sei, könne es in einer wirklich pluralistischen Gesellschaft nicht mehr verfangen. Daraus resultiert die Forderung, den gegen die Kirchen und Religionsgemeinschaften gerichteten Säkularisierungsprozess, der in Sachen Menschenwürde anscheinend in Halbherzigkeiten stecken geblieben sei, nun systematisch zu Ende zu bringen.

Der konsequenteste Weg bestünde in dieser Perspektive eigentlich darin, alle Bezüge zur Menschenwürde aus der verfassungsrechtlichen Ordnung – und analog dazu aus dem internationalen Recht – zu eliminieren, was offensichtlich unrealistisch ist. Für das deutsche Verfassungsrecht scheidet dies schon deshalb aus, weil die Grundsätze des Art. 1 und des Art. 20 auf legalem Wege nicht aufgehoben werden können; sie sind nach Art. 79 Abs. 3 GG der Verfügung des verfassungsändernden Gesetzgebers entzogen. Was bleibt, sind allerdings Optionen, die Idee der Menschenwürde durch restriktive Interpretation positiv-rechtlich einzuhegen und sie als Referenz in der öffentlichen Diskussion generell zurückzudrängen.

---

206 Hoerster, *Abtreibung im säkularen Staat* (wie Anm. 23), S. 121.

2. Die Menschenwürde im Kontext eines freiheitlichen Säkularitätsansatzes

Ein nicht-polemisches, liberales Säkularitätsverständnis lässt sich demgegenüber von der Religions- und Weltanschauungsfreiheit her gewinnen, die im Grundgesetz, in der EU-Grundrechtecharta, in der Menschenrechtskonvention des Europarats, im Internationalen Pakt über bürgerliche und politische Rechte und in anderen relevanten Dokumenten den Rang eines universalen Menschenrechts hat. Die Religionsfreiheit als Menschenrecht ist etwas anderes als bloße Toleranz. Während traditionelle Toleranzkonzepte bis hin zum aufgeklärt-absolutistischen »Toleranzpatent« Kaiser Josephs II. (von 1781) religiösen Minderheiten begrenzte Spielräume eröffneten, ohne sich dabei an Gesichtspunkte der Gleichberechtigung zu binden,[207] ist für die menschenrechtlich gedachte Religionsfreiheit genau dieser Gleichheitsanspruch wesentlich; er gehört zu den Definitionsmerkmalen des Menschenrechtsansatzes. Wie für alle Menschenrechte gilt deshalb auch für die Religionsfreiheit, dass sie nicht nur ein Freiheitsrecht, sondern auch ein Gleichheitsrecht ist. Sie verbietet die diskriminierende Ungleichbehandlung von Menschen aufgrund religiöser oder weltanschaulicher Differenz.

---

[207] So hält die Toleranzresolution Josephs II. am Status des Katholizismus als der »dominanten Religion« fest, der allein »der Vorzug des öffentlichen Religionsexercitii verbleiben« soll, derweilen den Angehörigen anderer christlicher Bekenntnisse lediglich »das Privatexercitium auszuüben erlaubt« wird. Zitiert nach Claudia Herdtle / Thomas Leeb (Hg.), *Toleranz. Texte zur Theorie und politischen Praxis,* Stuttgart 1987, S. 73.

Konsequent weitergedacht führt das Verbot religiöser Diskriminierung zum säkularen Prinzip der *»respektvollen Nicht-Identifikation«* von Staat und Religionsgemeinschaften.[208] Ein Staat, der sich als Konfessionsstaat eine bestimmte religiöse oder weltanschauliche Grundlage gibt beziehungsweise sich mit einer Religion besonders identifiziert, würde nämlich genau dadurch Angehörige anderer Religionen oder Weltanschauungen zumindest symbolisch diskriminieren. Ihnen würde signalisiert, dass sie letztlich nur Rechtsgenossinnen und Rechtsgenossen zweiter Klasse wären. Konfessionsstaatlichkeit (jedenfalls sofern sie mehr ist als ein historisches Zitat ohne praktische Relevanz) und menschenrechtliche Gleichheit schließen einander wechselseitig aus.[209] Aus dem generellen menschenrechtlichen Prinzip der *Nicht-Diskriminierung* ergibt sich daher im Kontext von Religion und Weltanschauung das speziellere Prinzip staatlicher *Nicht-Identifikation.* Der sich daran bindende Staat kann als säkularer Staat qualifiziert werden. Ähnlich gilt, dass eine internationale Rechtsordnung oder ein völkerrechtlicher Vertrag aufgrund der Unabhängigkeit von religiöser Legitimation ebenfalls säkular sind.

Die so verstandene Säkularität von Staat und Recht erweist sich damit als Ausdruck des Respekts vor der Religions- und Weltanschauungsfreiheit, die erst dadurch überhaupt konsequent zum Tragen kommen kann.[210]

---

[208] Vgl. Heiner Bielefeldt, *Muslime im säkularen Rechtsstaat. Integrationschancen durch Religionsfreiheit,* Bielefeld 2003, S. 15ff.

[209] Vgl. Martha C. Nussbaum, *Liberty of Conscience. In Defense of America's Tradition of Religious Equality,* New York 2008, S. 72ff.

[210] Um Missverständnisse zu vermeiden, sei klargestellt, dass auf internationaler Ebene – auch auf der Ebene des Europarats – eine verbindli-

Wie das generelle Prinzip der Nicht-Diskriminierung trotz der negativen Formulierung einen positiven Grund hat, nämlich die zu achtende gleiche Freiheit der Menschen, so gilt auch für das von ihm herrührende speziellere Prinzip der staatlichen Nicht-Identifikation, dass es normativ gehaltvoll ist – deshalb die nähere Qualifizierung als »*respektvolle* Nicht-Identifikation«. Die liberale Säkularität von Staat und Recht als Verlust religiöser Substanz zu beschreiben, wie dies in konservativer Perspektive vielfach geschah (und teils immer noch geschieht), geht daher an der Sache vorbei. Sie ist auch mehr als nur eine Teilkomponente der allgemeinen gesellschaftlichen Säkularisierung.[211] Vielmehr handelt es sich bei der spezifischen Säkularität des Rechtsstaats um ein *menschenrechtsbasiertes Fairnessprinzip im staatlichen Umgang mit religiösem und weltanschaulichem Pluralismus.*

Die in diesem Sinne qualifizierte Säkularität erstreckt sich auch auf die Menschenwürde. Als der letzte, axiomatische Grund der Menschenrechte und ergo auch der Religionsfreiheit wird sie selbst von deren Konsequenzen betroffen. Die Säkularität der freiheitlichen Verfassungsordnung und der internationalen Menschenrechte macht an der Idee der Menschenwürde nicht etwa halt, sondern bezieht sie notwendig mit ein. Deshalb ist die Würde,

---

che Festschreibung staatlicher Säkularität bislang nicht existiert, obwohl dies in der Line einer konsequenten, auch gleichheitsrechtlichen Auslegung der Religionsfreiheit läge. Vgl. Ute Sacksofsky, *Religiöse Freiheit als Gefahr?*, in: Veröffentlichungen der Vereinigung der Deutschen Staatsrechtslehrer 68 (2009), S. 7–46, hier S. 20f.

211 Vgl. José Casanova, *Public Religions in the Modern World*, Chicago 1994.

wenn sie in modernen Rechtstexten begegnet, als säkulares Konzept zu lesen. Es ist dem Staat folglich verwehrt, Art. 1 Abs. 1 Grundgesetz beispielsweise von einer christlichen Anthropologie her zu entziffern, die auf diese Weise für die staatliche Rechtsordnung insgesamt als verbindliches Interpretament fungieren würde. Und auch die Zurückweisung der religiösen Fundierung der Menschenwürde in der Debatte um die UN-Erklärung der Menschenrechte erscheint von dorther noch einmal als folgerichtig.

Das liberale Säkularitätsverständnis mag mit polemischen Säkularitätsvorstellungen historisch im mancherlei Hinsicht verwoben gewesen sein; sachlich lässt es sich aber jedenfalls klar davon unterscheiden. Mit kulturkämpferischem Eifer hat es nichts gemein. Es zielt keineswegs darauf ab, in einer Art nachgeholtem Bildersturm sämtliche religionsgeschichtlichen und kulturgeschichtlichen Bezüge auszublenden. Dass in der historischen Genese des modernen Konzepts der Menschenwürde (jedenfalls in Europa und Nordamerika) auch vielfach christlich-theologische Impulse wirksam geworden sind, lässt sich ja gar nicht bestreiten. Dies ist aber nicht der Punkt. Was zählt, ist vielmehr der *eigenständige, von Religion unabhängige Evidenzanspruch* der Menschenwürde, auf den sich deshalb Menschen unterschiedlicher religiöser oder weltanschaulicher Überzeugungen oder auch religiös und weltanschaulich Desinteressierte gleichermaßen berufen können.

Der an der gleichen Würde aller orientierte Rechtsstaat erweist sich in dieser Perspektive gegenüber dem traditionellen Konfessionsstaat eben doch nicht nur als dessen vorsichtiger formulierte Fortsetzung, sondern als etwas grundlegend anderes. Und auch der Einsatz für internationale Menschenrechte ist keineswegs lediglich eine Weiterführung christlicher Missionstätigkeit mit neuen Mitteln. Die Verquickung von Menschenrechtsengagement mit Kreuzzugsrhetorik stellt nicht nur einen diplomatischen *faux pas* dar, sondern geht auch in der Sache völlig daneben.

Die Idee der Menschenwürde, sofern sie in modernen Rechtstexten vorkommt, fungiert nicht als Chiffre, an der sich krypto-theologische Spekulationen festmachen könnten, und sie ist auch kein bloßes Relikt, das erst noch der konsequenten Säkularisierung harren würde. Weder ist sie abhängig von religiösen Ressourcen, die sie gleichsam subkutan beleihen würde, noch bildet sie den letzten Fremdkörper innerhalb der ansonsten säkularisierten Struktur des modernen Rechts. Sie erschließt sich vielmehr als ein ihrerseits genuin *säkulares Konzept* von jenem elementaren Achtungsanspruch her, der in allen zwischenmenschlichen Verbindlichkeiten oft unausgesprochen und doch tragend gegenwärtig ist. Dass jemand – mit nachvollziehbaren Gründen – eine weltanschauliche Zumutung darin sehen könnte, als »Verantwortungssubjekt« angesehen und respektiert zu werden, ist in der Tat schwer vorstellbar.

3. Offenheit für religiöse Deutungen

Die Säkularität der Menschenwürde, wie sie für den Kontext des modernen Rechts unterstellt werden muss, schließt theologische Rezeptionen, Reflexionen und öffentliche Beiträge der Religionsgemeinschaften keineswegs aus. Säkularität meint nicht Abschottung, sondern Eigenständigkeit.[212] Sie meint Unabhängigkeit von religiöser Begründung, und zwar in dem Sinne, dass die Menschenwürde ihre eigene Evidenz hat und gleichsam auf eigenen Füßen stehen kann. Ein religiöses Nachdenken und Weiterdenken über die Menschenwürde ist damit aber natürlich nicht ausgeschlossen.

Dass sich die Religionsgemeinschaften öffentlich zum Verständnis der Menschenwürde einlassen, ist zunächst in einem trivialen Sinne selbstverständlich. Wollte man ihnen dies von Staats wegen verwehren, so liefe dies auf eine Verletzung der Religionsfreiheit hinaus, die das Recht zur öffentlichen Manifestation religiöser Überzeugungen und zur Teilnahme an öffentlichen Debatten ausdrücklich einschließt.[213] Die Idee der Menschenwürde steht aber nicht nur in einem abstrakten Sinne »offen« für theologische Deutungen, sondern bietet sich dafür geradezu an. Von ihr her drängen sich existenzielle Grundfragen auf, die nicht nur das philosophische, sondern auch das religiöse und theologische Nachdenken seit Menschengedenken beschäftigen: Es sind dies Fragen nach der Stellung des Menschen im Kosmos, nach Verantwortung, Schuld und Vergebung, nach dem Spannungsverhältnis zwischen moralischem Anspruch und umfassender Sinnsuche. Bei der Menschenwürde handelt

[212] Vgl. Jürgen Habermas, *Religion in der Öffentlichkeit. Kognitive Voraussetzungen für den »öffentlichen Vernunftgebrauch« religiöser und säkularer Bürger,* in: ders., *Zwischen Naturalismus und Religion. Philosophische Aufsätze,* Frankfurt a. M. 2005, S. 119–154.

[213] Vgl. Gerhard Luf, *Die religiöse Freiheit und der Rechtscharakter der Menschenrechte. Überlegungen zur normativen Genese und Struktur der Religionsfreiheit,* in: Schwartländer (Hg.), *Freiheit der Religion* (wie Anm. 37), S. 71–92, insbes. S. 89ff.

es sich um eine Idee, die nicht nur das säkulare Verfassungs- und Völkerrecht und eine säkulare Rechts- und Moralphilosophie angeht, sondern auch Impulse für andere Felder des Nachdenkens in Philosophie oder Literatur und eben auch in Religion und Theologie gibt.

Gerade von der Menschenwürde her werden deshalb auch Brückenschläge zwischen modernem säkularem Recht und religiösen Selbstverständnissen möglich. Es ist kein Zufall, dass jenes Konzilsdokument, mit dem die katholische Kirche nach einer langen, konflikthaft verlaufenen Lerngeschichte die Anerkennung der Religionsfreiheit und des säkularen Rechts erreicht hat, den Begriff der Menschenwürde im Titel trägt. Die Erklärung *Dignitatis Humanae* setzt mit der Anerkennung der Tatsache ein, dass in der modernen Welt die Sensibilität für die Würde des Menschen und für die daraus resultierenden menschenrechtlichen Konsequenzen geschärft worden ist: »Die Würde der menschlichen Person kommt den Menschen unserer Zeit immer mehr zum Bewusstsein, und es wächst die Zahl derer, die den Anspruch erheben, dass die Menschen bei ihrem Tun ihr eigenes Urteil und eine verantwortliche Freiheit besitzen und davon Gebrauch machen sollen, nicht unter Zwang, sondern vom Bewusstsein der Pflicht geleitet.«[214] Es geht in der Erklärung des Zweiten Vatikanischen Konzils, wie Marianne Heimbach-Steins betont, nicht um eine theologische Okkupierung des Würdekonzepts, sondern um eine selbstkritische Besinnung des Katholizismus in der modernen Welt.[215] Da-

---

214 Zitiert nach der lateinisch-deutschen Textausgabe Peter Hünermann (Hg.), *Die Dokumente des Zweiten Vatikanischen Konzils. Konstitutionen, Dekrete, Erklärungen,* Freiburg i. Br. 2004, S. 436–458, hier S. 436.

215 Vgl. Marianne Heimbach-Steins, *Das Ethos der Religionsfreiheit –*

mit wird es zugleich möglich, das moderne Freiheitsbewusstsein auch theologisch zu rezipieren.

Dignitatis Humanae steht paradigmatisch für einen Brückenschlag, der auch von anderen religiösen Traditionen her – und auf sie hin – zu leisten ist.[216] Damit soll nicht gesagt sein, dass die Spannungen, die zwischen modernem säkularem Menschenrechtsdenken und religiösen Selbstverständnissen bestehen, in den unterschiedlichen Religionen oder Konfessionen mehr oder minder die gleichen sind und deshalb auch die Lösungen – sofern es dazu kommt – genauso oder ähnlich ausfallen müssten.[217] Die Geschichte der protestantischen Kirchen mit dem modernen säkularen Staat und Recht unterscheidet sich nicht nur in Kleinigkeiten von der des Katholizismus. Dabei kommt den »Stiefkindern der Reformation«, wie Ernst Troeltsch die freikirchlichen Bewegungen genannt hat,[218] eine produktive Sonderrolle zu. Denn aus ihrem Kreis erwuchsen – vor allem in Nordamerika – historisch wichtige Impulse für die Entwicklung der Religionsfreiheit.[219]

---

eine christliche Perspektive. Überlegungen im Anschluss an die Konzilserklärung »Dignitatis humanae«, in: Marianne Heimbach-Steins / Heiner Bielefeldt in Kooperation mit den Deutschen Kommission Justitia et Pax (Hg.), *Religionen und Religionsfreiheit. Menschenrechtliche Perspektiven im Spannungsfeld von Mission und Konversion,* Würzburg 2010, S. 61ff.; vgl. zuvor schon in diesem Sinne: Ernst-Wolfgang Böckenförde, *Die Bedeutung der Konzilserklärung über die Religionsfreiheit. Überlegungen 20 Jahre danach,* in: ders., *Religionsfreiheit. Kirche in der modernen Welt,* Freiburg i. Br. 1990, S. 59–70.

216 Vgl. Arlene Swidler (Hg.), *Human Rights in Religious Traditions,* New York 1982.

217 Zum Folgenden vgl. auch Hans Joas / Klaus Wiegandt (Hg.), *Säkularisierung und die Weltreligionen,* Frankfurt a. M. 2007.

218 Vgl. Ernst Troeltsch, *Die Soziallehren der christlichen Kirchen und Gruppen,* Tübingen 1912.

219 Vgl. Nussbaum (wie Anm. 209), S. 37ff.

In den orthodoxen Kirchen hingegen steht eine unzweideutige Anerkennung der modernen säkularen Menschenrechte teilweise noch aus. Im September 2008 veröffentlichte die russisch-orthodoxe Kirche ein Grundsatzpapier zu Menschenwürde und Menschenrechten, das nach wie vor ausgesprochen defensiv gehalten ist. Die Menschenwürde, so heißt es darin, sei zwar in der Gottesebenbildlichkeit des Menschen fest gegründet und im Kern unverlierbar; die dem Menschen ebenfalls im Buch Genesis zugesprochene »Ähnlichkeit« mit Gott sei jedoch durch den Sündenfall verlorengegangen. Ihre erst in wirklicher »Ähnlichkeit« mit Gott bestehende *volle Würde* müssten sich die Menschen demnach durch tugendhaftes Leben und Frömmigkeitsleistungen wieder erarbeiten, und zwar unter autoritativer Anleitung durch die Kirche.[220] Ganz eigene Fragen stellen sich hinsichtlich des Islams. Hier gibt es ausgeprägte interne Differenzen. Während im Schrifttum des politischen Islamismus die Säkularität von Staat und Recht häufig schlicht als *jahiliyya* – das heißt als Ausdruck gottloser Finsternis – denunziert wird, sehen manche muslimischen Vordenkerinnen und Vordenker in der Anerkennung moderner Säkularität die Chance, jene unheilvolle Verquickung von Religion und staatlicher Politik zu durchbrechen, die oft genug in eine Korrumpierung der Religion mündet.[221]

---

[220] Vgl. Moskauer Patriarchat 2008, *The Russian Orthodox Church's Basic Teachings on Human Dignity, Freedom and Rights,* im Internet abrufbar unter http://www.mospat.ru/en/documents/dignity-freedom-rights. Kritisch dazu Joachim Willems, *Die Russisch-Orthodoxe Kirche und die Menschenrechte,* in: Jahrbuch Menschenrechte 2009. Schwerpunkt: Religionsfreiheit, Wien 2008, S. 152–165.

[221] Näheres dazu bei Bielefeldt, *Muslime im säkularen Rechtsstaat* (wie Anm. 208), S. 59ff.

Bei allen Differenzen zwischen den Religionsgemeinschaften lässt sich gleichwohl sagen, dass sich die Idee der Menschenwürde als Dreh- und Angelpunkt für religiöse Auseinandersetzungen mit dem säkularen Menschenrechtsdenken anbietet, ja geradezu aufdrängt. Wie diese Auseinandersetzungen im Einzelnen ausgehen, bleibt dabei durchaus offen. Die Chancen dafür, dass die Universalität der Menschenrechte auch in einer interreligiösen Kommunikationskultur Rückendeckung erfährt, hängen jedenfalls nicht zuletzt daran, ob es gelingt, entsprechende Übersetzungsprozesse in der Deutung der Menschenwürde durchzuführen.[222]

Wichtig ist es dabei, sicherzustellen, dass die säkulare Eigenstruktur der Idee der Würde nicht verschwimmt. Nach wie vor muss die Säkularität des die moderne Verfassung und die modernen Menschenrechte tragenden Würdebegriffs gegen etwaige religiöse oder krypto-religiöse Inbeschlagnahme (die unter ganz unterschiedlichen religiösen Vorzeichen geschehen kann) verteidigt werden. Hier gibt es keinen Raum für falsche Kompromisse, die nur zur Verwirrung führen würden.[223] Die unverzichtbare Klärung eines säkularen Würdeverständnisses sollte aber nicht auf einen ängstlichen juristischen Positivismus hinauslaufen, für den die reiche, auch theologische Ideengeschichte des Würdebegriffs nur noch als in-

---

[222] Vgl. mit Blick auch auf die hier im Text nicht aufgeführten nichtmonotheistischen religiösen Traditionen: Linda Hogan / John D'Arcy May, *Konstruktionen des Menschlichen. Würde im interreligiösen Dialog,* in: Concilium 39 (2003), S. 201–212; Katharina Ceming, *Ernstfall Menschenrechte. Die Würde des Menschen und die Weltreligionen,* München 2010.

[223] Vgl. Herbert Schnädelbach, *Religion in der modernen Welt. Vorträge, Abhandlungen, Streitschriften,* Frankfurt a. M. ^{2}2009.

terpretatorischer Ballast erscheint und sämtliche religiösen Bezüge auf die Würde des Menschen von vornherein unter dem Verdacht antiliberaler Ideologisierung stehen.

Ein positivistisches Verständnis von Menschenwürde, das sich in strikt fachjuristischer Abschirmung durch religiöse Narrationen und Sensibilitäten grundsätzlich nicht irritieren lässt, könnte im Sinne der Rechtssicherheit zunächst zwar sogar als vorteilhaft erscheinen. Die innergesellschaftliche Kommunikation über Menschenwürde und Menschenrechte wird dadurch aber gerade nicht befördert. Ein positiv-rechtlich eingeschnürtes Würdeverständnis mag deshalb zwar gegenüber weltanschaulichen Einbrüchen einigermaßen geschützt sein, verliert aber im Gegenzug jede Anschlussfähigkeit an religiöse und weltanschauliche Diskurskontexte. Damit würde die Idee der Menschenwürde jedoch einen großen Teil ihrer gesellschaftlichen – konsensstiftenden, gesellschaftskritischen, kulturkritischen und nicht zuletzt auch *religionskritischen* – Wirksamkeit einbüßen. Gefragt ist deshalb nicht positivistische Abschottung, sondern die Kunst kritischer Unterscheidung. Nur sie schafft die Möglichkeit, dass bei klarer Wahrung der Differenz zugleich wechselseitige Übersetzungsprozesse zwischen säkular-menschenrechtlichen und religiösen Verständnissen von Menschenwürde stattfinden können.[224]

[224] Vgl. Daniel Bogner, *Ausverkauf der Menschenrechte? Warum wir gefordert sind*, Freiburg i. Br. 2007, S. 25f.

VII. Was wäre anders? Kurze Schlussreflexion

Angenommen, es wäre möglich, den Begriff der Menschenwürde aus unserem normativen Sprachschatz zu streichen, was würde dann passieren? Würden wir einen Zusammenbruch von Moral und Recht erleben, oder wären die Auswirkungen weniger dramatisch? Natürlich lässt sich eine solche hypothetische Frage nicht ernstlich beantworten. Immerhin kann sie aber Anlass geben für den Hinweis, dass sich in den meisten Verfassungsordnungen der Rang der Menschenwürde weniger prominent darstellt als im Grundgesetz der Bundesrepublik Deutschland. Es gibt viele Verfassungen ohne Bezugnahme auf die Menschenwürde. Auch die Europäische Menschenrechtskonvention von 1950 weist im Konventionstext selbst keinen Würdebezug auf. In der Rechtsprechung des Europäischen Gerichtshofs für Menschenrechte spielt der Begriff der Menschenwürde dementsprechend eine weit geringere Rolle als etwa in der Judikatur des Bundesverfassungsgerichts. Immerhin hat der Straßburger Gerichtshof die Menschenwürde in verschiedenen Zusammenhängen als das eigentliche Wesen (»essence«) der Europäischen Menschenrechtskonvention bezeichnet und damit ihren grundlegenden Stellenwert anerkannt.[225]

Noch einmal: Was würde fehlen, wenn wir über die Menschenwürde nicht sprechen könnten? Eine unmittel-

---

[225] Vgl. Jürgen Bröhmer, *Menschenwürde, Freiheit der Person und Freizügigkeit,* in: Detlef Merten / Hans-Jürgen Papier (Hg.), *Handbuch der Grundrechte in Deutschland und Europa,* Band VI/1: *Europäische Grundrechte I,* Heidelberg 2010, S. 125–170, hier S. 135 (Rdnr. 25).

bar spürbare »Lücke« würde sich vielleicht gar nicht auftun. Man muss davon ausgehen, dass die Menschen durchaus in der Lage sind, moralisch kompetent zu urteilen und zu handeln, ohne sich dabei ständig auf die Würde zu besinnen. Dasselbe gilt für Parlamente oder Gerichte. Und doch würde durch die Ausklammerung der Menschenwürde aus unserem Vokabular ein erhebliches Defizit entstehen. Es wäre dies nicht eine konkrete »Lücke« innerhalb des Geflechts materialer Normen, sondern ein Defizit in einem umfassenderen Sinn. Es würde uns nämlich der Begriff dafür abhandenkommen, mit dem wir die Achtung, die wir uns als Menschen allseitig schulden, an das *existenzielle Selbstverständnis des Menschen als Verantwortungssubjekt* rückkoppeln könnten. Nur durch die Tatsache, dass Menschen Verantwortungssubjekte sind, können aber moralische oder rechtliche Verbindlichkeiten in der Menschenwelt entstehen. Die unveräußerliche Respektsposition, die jedem Menschen schlichtweg aufgrund des Menschseins zukommt – so als wäre sie ihm »angeboren« –, erweist sich daher als identisch mit dem Grund normativer Verbindlichkeiten überhaupt. Genau dafür steht die Idee der Menschenwürde. Sie hat deshalb sowohl eine *fundierende* als auch eine die unterschiedlichen Ebenen des Normativen *integrierende* Funktion und ermöglicht genau dadurch persönliche *Identifikationen.*[226]

Aus dem schlechthin *fundierenden, axiomatischen Status* der Menschenwürde resultiert, dass sie jedem

---

[226] Vgl. ähnlich Christian Walter, *Menschenwürde im nationalen Recht, Europarecht und Völkerrecht,* in: Petra Bahr / Hans Michael Heinig (Hg.), *Menschenwürde in der säkularen Verfassungsordnung,* Tübingen 2006, S. 127–148.

Menschen gleichermaßen zusteht. Die Würde nach irgendwelchen biologischen, kulturellen oder sozialen Kriterien abzustufen, hieße ja, sie externen Bewertungen zu unterwerfen und ergo in ihrem axiomatischen Stellenwert zu leugnen. Wenn aber alle Menschen in ihrer Würde gleich zu achten sind, dann gilt dasselbe für jene grundlegenden Rechte, in denen die Menschenwürde eines jeden explizite Anerkennung erfährt und die deshalb »Menschenrechte« genannt werden. Auch sie sind nur denkbar als universale und egalitäre Rechte. Dass dies alles mit neidbasierter Nivellierung nichts gemein hat, wie Kritiker des modernen Gleichheitsanspruchs von Burke über Nietzsche bis Gehlen immer wieder eingewandt haben, wird erst im Blick auf die Menschenwürde zureichend explizierbar. Denn von dorther lässt sich die Gleichheit gerade als Folge der »Unverrechenbarkeit« der Würde jedes Einzelnen verstehen, die verlangt, dass der Mensch – aber eben jeder Mensch gleichermaßen – gerade in seiner unvertretbaren personalen Besonderheit anerkannt werden soll.

Inhaltlich sind die Menschenrechte durch ihre *emanzipatorische Ausrichtung* definiert: Die Achtung der Würde des Menschen als (immer auch) Selbstzweck findet Rückendeckung in gleichen Rechten freier Selbstbestimmung, die sich auf die verschiedensten Lebensbereiche der Gesellschaft erstrecken, um diese liberalisierend zu durchwirken. Persönliche Freiheit aber kann wiederum nur durch gesellschaftliche Inklusion praktisch gelebt werden. Von der Trias *Freiheit, Gleichheit, Inklusion* her erweisen sich die einzelnen Menschenrechte als Bestandteile einer sie verbindenden gemeinsamen Zielsetzung. Sie bilden nicht nur einen beliebigen »Katalog« heterogener Normen, sondern gehören in dem Sinne *»unteilbar«* zusammen, als sie einander als Eckpunkte für die Gestaltung menschenwürdiger, freiheitlicher Sozialverhältnisse inhaltlich und institutionell ergänzen.

Auch der herausgehobene Rang der Menschenrechte als *»unveräußerlicher« Rechte* lässt sich nur von der Menschenwürde her begreiflich machen. Deren axiomatischer Stellenwert impliziert, dass die grundlegenden Rechte, in denen die Würde des Menschen ihre förmliche Anerkennung erfährt, ebendeshalb nicht nach Belieben zugeteilt oder eingeschränkt werden können. Sie sind im Kern unveräußerlich. Die zeigt sich zum einen in spezifischen juristischen Garantien, deren Ausgestaltung und Einhaltung in erster Linie dem Staat obliegt. Zum anderen verweist der Begriff der Unveräußerlichkeit auf die *moralische Dimension* der Menschenrechte, nämlich auf die Einsicht, dass die Menschen es sich selbst und einander schulden, für ihre grundlegenden Rechte solidarisch einzutreten.

Neben der *fundierenden* Rolle hat die Idee der Menschenwürde auch eine *integrierende* Funktion. Sie macht es möglich, eine ganzheitliche Sicht auf den Kosmos menschlicher Verbindlichkeiten zu pflegen, ohne wichtige kategoriale Differenzierungen aufzulösen. Im Gegenteil: Dass der Sinn für die Notwendigkeit klarer Unterscheidungen zwischen Moral, Recht und Religion im Laufe der Moderne geschärft worden ist, muss als historische Errungenschaft festgehalten werden. Denn die Ausdifferenzierung unterschiedlicher Normbereiche hat dazu geführt, dass sich das Bewusstsein und die Praxis menschlicher Freiheit enorm geweitet haben. Diese erreichte Ausdifferenzierung ist aber etwas anderes als wechselseitige Entkopplung und abstrakte Beziehungslosigkeit.

Im Blick auf die Menschenwürde lassen sich die rechtliche und die moralische Seite der Menschenrechte *zusammendenken,* ohne dass sie einfach ineinandergeschoben werden könnten. Denn die Eigenstruktur des positiven Rechts ist nicht nur um der wirksamen Durchsetzung der Menschenrechte willen unverzichtbar; sie hat zugleich die unverzichtbare Funktion, den freiheitlichen Anspruch des Menschenrechtsansatzes gegen autoritäre Moralisierung und damit verbundene etwaige Übergriffe zu schützen. Genau dadurch steht das Recht aber wiederum auch im Dienste einer Moral des Respekts vor der Würde und Freiheit jedes Menschen. Moral und Recht gehören somit letztlich zusammen, nicht *obwohl,* sondern *weil* sie zugleich unterschieden bleiben. Die Unterscheidung ist genau genommen selbst ein Modus ihrer angemessenen Verknüpfung.

Eine solche Struktur lässt sich analog auch für die Verhältnisbestimmung zwischen säkularem Menschenrechtsansatz und religiösen Selbstverständnissen anführen. Auch hier ergeben sich von der Menschenwürde her Beziehungen bei gleichzeitiger Aufrechterhaltung kategorialer Grunddifferenzen. Die klare Unterscheidung bildet gerade die Voraussetzung für mögliche »Übersetzungsprozesse« nach beiden Seiten hin: Wie einerseits der menschenrechtlich-säkulare Begriff der Würde auf religiöse Traditionen kritisch, provozierend und stimulierend einwirken kann, so ist es andererseits wichtig, dass religiöse Motivationsquellen, die sich an der Idee der Menschenwürde festmachen, auch für Politik und Recht eines säkular verfassten Gemeinwesens beziehungsweise für die Verwirklichung der internationalen Menschenrechte nicht verlorengehen.

Die Idee der Menschenwürde macht es somit möglich, die modernen Menschenrechte bei bewusster Wahrung ihrer positiv-rechtlichen Eigenstruktur doch zugleich auch als einen moralischen Anspruch zu würdigen und schließlich auch mit religiösen Denktraditionen in eine produktive Beziehung zu setzen. Sie steht mit dieser ihrer *integrierenden Funktion* gegen die Entkopplung des Menschenrechts von moralischen und religiösen Motivationsquellen. Indem sie so dazu beiträgt, positivistische Abschnürungen zugunsten einer ganzheitlichen Perspektive aufzulösen, wird die Idee der Menschenwürde zugleich zur wichtigsten Verbündeten im Kampf gegen alle Arten des autoritären Fundamentalismus. Der moralische oder religiöse Fundamentalismus basiert seinen antiliberalen Furor nämlich typischerweise auf die Unterstellung, dass die modernen Freiheitsrechte von allen substanziellen moralischen oder religiösen Bezügen abgeschnitten seien und zu den Belanglosigkeiten einer bloßen »Spaßgesellschaft« gehörten. Die Besinnung auf die tragende Funktion der Menschenwürde für den modernen Menschenrechtsansatz zeigt, dass genau das Gegenteil der Fall ist.

Literatur

Jean Améry, *Jenseits von Schuld und Sühne. Bewältigungsversuche einer Überwältigten,* 2., erw. Auflage Stuttgart 1977.

Emil Angehrn / Bernard Baertschi (Red.), *Menschenwürde.* Jahrbuch der Schweizerischen Philosophischen Gesellschaft 63 (2004), Basel 2004.

Hannah Arendt, *Es gibt nur ein einziges Menschenrecht,* in: Die Wandlung 4 (1949), S. 754–770.

Hannah Arendt, *Elemente und Ursprünge totaler Herrschaft,* München/Zürich ²1974.

Sigrid Arnade, *Sexuelle Rechte behinderter Menschen,* in: Claudia Lohrenscheit (Hg.), *Sexuelle Selbstbestimmung als Menschenrecht,* Baden-Baden 2009, S. 233–249.

Susanne Baer, *Menschenwürde zwischen Recht, Prinzip und Referenz. Die Bedeutung von Enttabuisierungen,* in: Deutsche Zeitschrift für Philosophie 53 (2005), S. 571–588.

Petra Bahr / Hans Michael Heinig (Hg.), *Menschenwürde in der säkularen Verfassungsordnung,* Tübingen 2006.

Kurt Bayertz, *Die Idee der Menschenwürde. Probleme und Paradoxien,* in: Archiv für Rechts- und Sozialphilosophie 81 (1995), S. 465–481.

Peter Berger, *On the Obsolescence of the Concept of Honour,* in: Michael Sandel (Hg.), *Liberalism and its Critics,* New York 1984.

Jochen von Bernstorff, *Pflichtenkollision und Menschenwürdegarantie. Zum Vorrang staatlicher Achtungspflichten im Normbereich von Art. 1 GG,* in: Der Staat 47/1 (2008), S. 21–40.

Heiner Bielefeldt, *Philosophie der Menschenwürde,* Darmstadt 1998.

Heiner Bielefeldt, *Muslime im säkularen Rechtsstaat. Integrationschancen durch Religionsfreiheit,* Bielefeld 2003.

Heiner Bielefeldt, *Symbolic Representation in Kant's Practical Philosophy,* Cambridge 2003.

Heiner Bielefeldt / Franz-Josef Hutter / Sabine Kurtenbach / Carsten Tessmer (Hg.), *MenschenrechtsFragen.* Volkmar Deile zum 65. Geburtstag, Karlsruhe 2008.

Dieter Birnbacher, *Mehrdeutigkeiten im Begriff der Menschenwürde,* in: Aufklärung und Kritik 2 (1995), Sonderheft 1, S. 4–13.

Ernst-Wolfgang Böckenförde, *Die Entstehung des Staates als Vorgang der Säkularisation,* in: ders., *Staat – Gesellschaft – Freiheit. Studien zur Verfassungstheorie und zum Verfassungsrecht,* Frankfurt a. M. 1976, S. 42–64.

Ernst-Wolfgang Böckenförde, *Religionsfreiheit. Die Kirche in der modernen Welt,* Freiburg i. Br. 1990.

Ernst-Wolfgang Böckenförde, *Die Würde des Menschen war unantastbar,* in: Frankfurter Allgemeine Zeitung vom 3. September 2003, S. 33.

Ernst-Wolfgang Böckenförde, *Bleibt die Menschenwürde unantastbar?,* in: Blätter für deutsche und internationale Politik 49 (2004), S. 1216–1227.

Ernst-Wolfgang Böckenförde / Robert Spaemann (Hg.), *Menschenrechte und Menschenwürde. Historische Voraussetzungen – säkulare Gestalt – christliches Verständnis,* Stuttgart 1987.

Daniel Bogner, *Ausverkauf der Menschenrechte? Warum wir gefordert sind,* Freiburg i. Br. 2007.

Jürgen Bröhmer, *Menschenwürde, Freiheit der Person und Freizügigkeit,* in: Detlef Merten / Hans-Jürgen Papier (Hg.), *Handbuch der Grundrechte in Deutschland und Europa,* Band VI/1: *Europäische Grundrechte I,* Heidelberg 2010, S. 125–170.

José Casanova, *Public Religions in the Modern World,* Chicago 1994.

Katharina Ceming, *Ernstfall Menschenrechte. Die Würde des Menschen und die Weltreligionen,* München 2010.

Marcus Tullius Cicero, *De re publica* u. a., hg. von J. G. F. Powell, Oxford 2006.

Paul Cliteur, *Voltairian Tolerance,* in: Netherlands Ministry of the Interior and Kingdom Relations (Hg.), *Report of the International Conference on Fundamental Rights in a Pluralistic Society,* Den Haag 2004, S. 65–69.

James E. Crimmins, *Secular Utilitarianism. Social Science and the Critique of Religion in the Thought of Jeremy Bentham,* Oxford 1990.

Theresia Degener, *Menschenrechtsschutz für behinderte Menschen,* in: Vereinte Nationen 3/2006, S. 104–110.

Volkmar Deile, *Rechte bedingungslos verteidigen. Es bedarf keines Pflichtenkataloges, um die Würde des Menschen zu schützen,* in: DIE ZEIT vom 21. November 1997.

Erhard Denninger, *Prävention und Freiheit. Von der Ordnung der Freiheit,* in: Stefan Huster / Karsten Rudolph (Hg.), *Vom Rechtsstaat zum Präventionsstaat,* Frankfurt a. M. 2008, S. 85–106.

Otto Depenheuer, *Selbstbehauptung des Rechtsstaats,* Paderborn 2007.

Klaus Dicke, *Die der Person innewohnende Würde,* in: *Würde und Recht des Menschen.* Festschrift für Johannes Schwartländer zum 70. Geburtstag, Würzburg 1992, S. 161–182.

Horst Dreier (Hg.), *GG-Kommentar,* Tübingen 2004.

Günter Dürig, *Der Grundrechtssatz von der Menschenwürde,* in: Archiv für öffentliches Recht 2 (1956), S. 117–157.

Markus Düwell, *Der moralische Status von Embryonen und Feten,* in: Markus Düwell / Klaus Steigleder (Hg.), *Bioethik. Eine Einführung,* Frankfurt a. M. 2003, S. 221–229.

Christoph Enders, *Die Menschenwürde in der Verfassungsordnung. Zur Dogmatik des Art. 1 GG,* Tübingen 1997.

David Feldmann, *Human Dignity as a Legal Value,* in: Public Law 50 (1999), S. 682–702; 51 (2000), S. 61–76.

Wolfgang Fikentscher, *Die heutige Bedeutung des nicht-säkularen Ursprungs der Grundrechte,* in: Ernst-Wolfgang Böckenförde / Robert Spaemann (Hg.), *Menschenrechte und Menschenwürde. Historische Voraussetzungen – säkulare Gestalt – christliches Verständnis,* Stuttgart 1987, S. 43–73.

Maximilian Forschner, *Die stoische Ethik,* Darmstadt ^{2}1995.

Tatjana Geddert-Steinacher, *Menschenwürde als Verfassungsbegriff. Aspekte der Rechtsprechung des Bundesverfassungsgerichts zu Art. 1 Abs. 1 Grundgesetz,* Berlin 1990.

Volker Gerhardt, *Redebeitrag,* in: Nationaler Ethikrat. Wortprotokoll. Niederschrift über den öffentlichen Teil der Sitzung vom 27. Mai 2004.

Alan Gewirth, *Human Dignity as the Basis of Rights,* in: M. J. Meyer / W. A. Parent (Hg.), *The Constitution of Rights. Human Dignity and American Values,* Ithaca/London 1992.

Sigrid Graumann, *Präimplantationsdiagnostik, embryonale Stammzellforschung und das Regulativ der Menschenwürde,* in: Matthias Kettner (Hg.), *Biomedizin und Menschenwürde,* Frankfurt a. M. 2004, S. 122–144.

Sigrid Graumann, *Assistierte Autonomie. Von einer Behindertenpolitik der Wohltätigkeit zu einer Politik der Menschenrechte,* Utrecht 2009.

Jürgen Habermas, *Glauben und Wissen.* Rede anlässlich der Verleihung des Friedenspreises des Deutschen Buchhandels, Frankfurt a. M. 2001 (Suhrkamp-Fassung).

Jürgen Habermas, *Die Zukunft der menschlichen Natur. Auf dem Weg zu einer liberalen Eugenik?* (erw. Ausgabe), Frankfurt a. M. 2005.

Jürgen Habermas, *Religion in der Öffentlichkeit. Kognitive Voraussetzungen für den »öffentlichen Vernunftgebrauch« religiöser und säkularer Bürger,* in: ders., *Zwischen Naturalismus und Religion. Philosophische Aufsätze,* Frankfurt a. M. 2005, S. 119–154.

Jürgen Habermas, *Das utopische Gefälle. Das Konzept der Menschenwürde und die realistische Utopie der Menschenrechte,* in: Blätter für deutsche und internationale Politik, 55/8 (2010), S. 43–53.

Marianne Heimbach-Steins, *Das Ethos der Religionsfreiheit – eine christliche Perspektive. Überlegungen im Anschluss an die Konzils-*

erklärung »Dignitatis Humanae«, in: Marianne Heimbach-Steins / Heiner Bielefeldt in Kooperation mit den Deutschen Kommission Justitia et Pax (Hg.), *Religionen und Religionsfreiheit. Menschenrechtliche Perspektiven im Spannungsfeld von Mission und Konversion*, Würzburg (im Erscheinen).

Matthias Herdegen, *Kommentierung zu Art. 1 Abs. 1 GG* (2003 bzw. 2005) in: *GG-Kommentar*, hg. von Theodor Maunz / Günter Dürig u. a., München fortlaufend.

Claudia Herdtle / Thomas Leeb (Hg.), *Toleranz. Texte zur Theorie und politischen Praxis*, Stuttgart 1987.

Eric Hilgendorf, *Die missbrauchte Menschenwürde. Probleme des Menschenwürdetopos am Beispiel der bioethischen Diskussion*, in: Jahrbuch für Recht und Ethik 7 (1999), S. 137–158.

Konrad Hilpert, *Die Menschenrechte. Geschichte – Theologie – Aktualität*, Düsseldorf 1991.

Norbert Hoerster, *Abtreibung im säkularen Staat. Argumente gegen den § 218*, Frankfurt a. M. 1991.

Norbert Hoerster, *Sterbehilfe im säkularen Staat*, Frankfurt a. M. 1998.

Hasso Hofmann, *Die versprochene Menschenwürde*, in: Archiv für öffentliches Recht 118 (1993), S. 353–377.

Linda Hogan / John D'Arcy May, *Konstruktionen des Menschlichen. Würde im interreligiösen Dialog*, in: Concilium 39 (2003), S. 201–212.

Thomas Hoppe (Hg.), *Menschenrechte – Menschenpflichten.* Beiträge eines gemeinsamen Symposiums der Deutschen Kommission Justitia et Pax und der Wissenschaftlichen Arbeitsgruppe für weltkirchliche Aufgaben, Bonn 1999.

Malte Hossenfelder, *Menschenwürde und Menschenrecht*, in: Emil Angehrn / Bernard Baertschi (Red.), *Menschenwürde.* Jahrbuch der Schweizerischen Philosophischen Gesellschaft 63 (2004), S. 17–33.

Wolfgang Huber / Heinz Eduard Tödt, *Menschenrechte. Perspektiven einer menschlichen Welt*, Stuttgart 1977.

Friedhelm Hufen, *Erosion der Menschenwürde?*, in: Juristenzeitung 59 (2004), S. 313–318.

Peter Hünermann (Hg.), *Die Dokumente des Zweiten Vatikanischen Konzils. Konstitutionen, Dekrete, Erklärungen*, Freiburg i. Br. 2004.

Franz-Josef Hutter, *No rights. Menschenrechte als Fundament einer funktionierenden Weltordnung*, Berlin 2003.

Josef Isensee, *Tabu im freiheitlichen Staat*, Paderborn 2003.

Josef Isensee, *Menschenwürde: die säkulare Gesellschaft auf der Suche nach dem Absoluten*, in: Archiv des öffentlichen Rechts 131 (2006), S. 173–218.

Hans Joas, *Braucht der Mensch Religion? Über Erfahrungen der Selbsttranszendenz,* Freiburg i. Br. ²2004.

Hans Joas / Klaus Wiegandt (Hg.), *Säkularisierung und die Weltreligionen,* Frankfurt a. M. 2007.

Walter Kälin / Jörg Künzli, *Universeller Menschenrechtsschutz,* Basel/ Baden-Baden 2005.

Immanuel Kant, *Werke,* zitiert nach der Akademie-Ausgabe (hier: Bd. 4, Berlin 1911; Bd. 5, Berlin 1913; Bd. 6, Berlin 1907; Bd. 8, Berlin/ Leipzig 1923).

Friedrich Kaulbach, *Moral und Recht in der Philosophie Kants,* in: Jürgen Blühdorn / Joachim Ritter (Hg.), *Recht und Ethik. Zum Problem ihrer Beziehung im 19. Jahrhundert,* Frankfurt a. M. 1970, S. 43–58.

Matthias Kettner (Hg.), *Biomedizin und Menschenwürde,* Frankfurt a. M. 2004.

Bernhard Kohl, *Menschenwürde: Relativierung oder notwendiger Wandel? Zur Interpretation in der gegenwärtigen Kommentierung von Art. 1 Abs. 1 GG,* Berlin 2007.

Michael Krennerich, *Soziale Rechte sind Freiheitsrechte! Plädoyer für ein freiheitliches Verständnis wirtschaftlicher, sozialer und kultureller Rechte,* in: Jahrbuch Menschenrechte 2006, Frankfurt a. M. 2005, S. 57–66.

Imke Leicht, *Multikulturalismus auf dem Prüfstand. Kultur, Identität und Differenz in modernen Einwanderungsgesellschaften,* Berlin 2009.

Claudia Lohrenscheit (Hg.), *Sexuelle Selbstbestimmung als Menschenrecht,* Baden-Baden 2009.

Guido Löhrer, *Geteilte Würde,* in: Emil Angehrn / Bernard Baertschi (Red.), *Menschenwürde.* Jahrbuch der Schweizerischen Philosophischen Gesellschaft 63 (2004), S. 159–187.

Rolf J. Lorenz / Dietmar Mieth / Ludolf Müller (Hg.), *Die »Würde des Menschen« beim Wort genommen,* Tübingen 2003.

Hermann Lübbe, *Säkularisierung. Geschichte eines ideenpolitischen Begriffs,* Freiburg i. Br. / München 1965.

Gerhard Luf, *Die religiöse Freiheit und der Rechtscharakter der Menschenrechte. Überlegungen zur normativen Genese und Struktur der Religionsfreiheit,* in: Johannes Schwartländer (Hg.), *Freiheit der Religion. Christentum und Islam unter dem Anspruch der Menschenrechte,* Mainz 1993, S. 71–92.

Niklas Luhmann, *Grundrechte als Institution,* Berlin ⁴1999.

Werner Maihofer, *Die Würde des Menschen. Untersuchungen zu Artikel 1 des Grundgesetzes der Bundesrepublik Deutschland,* Hannover 1967.

Karl Marx, *Zur Judenfrage,* in: Marx-Engels-Werke, Bd. 1, Ost-Berlin 1970, S. 347–377.

Christoph Menke / Arnd Pollmann, *Philosophie der Menschenwürde. Eine Einführung,* Hamburg 2007.

Dietmar Mieth, *Menschenbild und Menschenwürde angesichts des Fortschritts der Biotechnik,* in: Rolf J. Lorenz / Dietmar Mieth / Ludolf Müller (Hg.), *Die »Würde des Menschen« beim Wort genommen,* Tübingen 2003, S. 59–78.

George Edward Moore, *Principia Ethica,* Stuttgart 1970.

Johannes Morsink, *The Universal Declaration of Human Rights: Origins, Drafting and Intent,* Philadelphia 1999.

Moskauer Patriarchat, *The Russian Orthodox Church's Basic Teachings on Human Dignity, Freedom and Rights,* Moskau 2008, im Internet abrufbar unter http://www.mospat.ru/en/documents/dignity-freedom-rights.

Martin Nettesheim, *Die Garantie der Menschenwürde zwischen metaphysischer Überhöhung und bloßem Abwägungstopos,* in: Archiv für öffentliches Recht 130 (2005), S. 71–113.

Ulfried Neumann, *Die Tyrannei der Würde. Argumentationstheoretische Erwägungen zum Menschenwürdeprinzip,* in: Archiv für Rechts- und Sozialphilosophie 84 (1998), S. 153–166.

Julian Nida-Rümelin, *Wo die Menschenwürde beginnt,* in: Der Tagesspiegel vom 3. Januar 2001.

Julian Nida-Rümelin, *Über menschliche Freiheit,* Stuttgart 2005.

Friedrich Nietzsche, *Jenseits von Gut und Böse,* Stuttgart 1976 (Kröner-Ausgabe).

Friedrich Nietzsche, *Zur Genealogie der Moral,* Stuttgart 1976 (Kröner-Ausgabe).

Manfred Nowak, *Die Aushöhlung des Folterverbots im Kampf gegen den Terrorismus,* in: Zeitschrift für Menschenrechte 1/1 (2007), S. 55–70.

Martha C. Nussbaum, *Liberty of Conscience. In Defense of America's Tradition of Religious Equality,* New York 2008.

Onora O'Neill, *Constructions of Reason. Explorations of Kant's Practical Philosophy,* Cambridge 1989.

Dietmar von der Pfordten, *Ist staatliche Folter als fernwirkende Nothilfe ethisch erlaubt?,* in: Wolfgang Lenzen (Hg.), *Ist Folter erlaubt? Juristische und moralische Aspekte,* Paderborn 2006, S. 149–172.

Giovanni Pico della Mirandola, *De hominis dignitate – Über die Würde des Menschen* (lat.-dt.), Hamburg 1988.

Ralf Poscher, *»Die Würde des Menschen ist unantastbar«,* in: Juristenzeitung 59 (2004), S. 756–762.

Viktor Pöschl / Panajotis Kondylis, *Artikel »Würde«,* in: *Geschichtliche*

Grundbegriffe. Historisches Lexikon zur politisch-sozialen Sprache in Deutschland, hg. von Otto Brunner / Werner Conze / Reinhard Koselleck, Stuttgart 1978, Bd. 7, S. 637–677.

Gerhard Pott, *Ethik am Lebensende. Intuitive Ethik, Sorgen um einen guten Tod, Patientenautonomie, Sterbehilfe,* Stuttgart 2007.

Christian Pross, *Verletzte Helfer. Umgang mit dem Trauma: Risiken und Möglichkeiten sich zu schützen,* Stuttgart 2009.

Jozef Punt, *Die Idee der Menschenrechte. Ihre geschichtliche Entwicklung und ihre Rezeption durch die moderne katholische Sozialverkündigung,* Paderborn 1987.

Anton Rauscher, *Die christlichen Wurzeln der Menschenwürde,* in: ders., *Kirche in der Welt,* Bd. 4, Würzburg 2006, S. 189–197.

Franco Rest, *Sterbebegleitung statt Sterbehilfe,* Freiburg i. Br. 1997.

Hans-Richard Reuter (Hg.): *Ethik der Menschenrechte. Zum Streit um die Universalität einer Idee,* Bd. 1, Tübingen 1999.

Ute Sacksofsky, *Religiöse Freiheit als Gefahr?,* in: Veröffentlichungen der Vereinigung der Deutschen Staatsrechtslehrer 68 (2009), S. 7–46.

Hans Jörg Sandkühler, *Menschenwürde und die Transformation moralischer Rechte in positives Recht,* in: ders. (Hg.), *Menschenwürde. Philosophische, theologische und juristische Aspekte,* Frankfurt a. M. 2007, S. 57–86.

Friedrich Schiller, *Über Anmut und Würde,* in: *Ausgewählte Werke,* hg. von Ernst Müller, Stuttgart 1954, S. 193–258.

Bernhard Schlink, *Die überforderte Menschenwürde,* in: ders., *Vergewisserungen. Über Politik, Recht, Schreiben und Glauben,* Zürich 2005, S. 125–136.

Helmut Schmidt (Hg.), *Allgemeine Erklärung der Menschenpflichten. Ein Vorschlag,* München/Zürich 1997.

Carl Schmitt, *Politische Theologie. Vier Kapitel zur Lehre von der Souveränität,* Berlin 1990 (unveränderter Nachdruck der 2. Auflage von 1934).

Herbert Schnädelbach, *Religion in der modernen Welt. Vorträge, Abhandlungen, Streitschriften,* Frankfurt a. M. ^{2}2009.

Arthur Schopenhauer, *Die beiden Grundprobleme der Ethik, behandelt in zwei akademischen Preisschriften,* 2., verbesserte und vermehrte Auflage, Leipzig 1860.

Johannes Schwartländer (Hg.), *Der Mensch und sein Tod,* Göttingen 1976.

Johannes Schwartländer (Hg.), *Menschenrechte. Aspekte ihrer Begründung und Verwirklichung,* Tübingen 1978.

Johannes Schwartländer (Hg.), *Freiheit der Religion. Christentum und Islam unter dem Anspruch der Menschenrechte,* Mainz 1993.

Peter Singer, *Praktische Ethik*, Stuttgart ^{2}1994 (engl. Original: *Practical Ethics*, Cambridge ^{2}1993).
B. F. Skinner, *Jenseits von Freiheit und Würde*, Reinbek 1973 (engl. Original: *Beyond Freedom and Dignity*, New York 1971).
Stefan Lorenz Sorgner, *Menschenwürde nach Nietzsche. Die Geschichte eines Begriffs*, Darmstadt 2010.
Robert Spaemann, *Personen. Versuche über den Unterschied zwischen »etwas« und »jemand«*, Stuttgart 1996.
Jörg Splett, *Theo-Anthropologie. Ein Antwortversuch*, in: Hans-Ludwig Ollig (Hg.), *Theo-Anthropologie*. Jörg Splett zu Ehren, Würzburg 2006, S. 105–113.
Tine Stein, *Himmlische Quellen und irdisches Recht. Religiöse Voraussetzungen des freiheitlichen Verfassungsstaates*, Frankfurt a. M. 2007.
Uwe Steinhoff, *Warum Foltern manchmal moralisch erlaubt, ihre Institutionalisierung durch Folterbefehle aber moralisch unzulässig ist*, in: Wolfgang Lenzen (Hg.), *Ist Folter erlaubt? Juristische und philosophische Aspekte*, Paderborn 2006, S. 173–197.
Arlene Swidler (Hg.), *Human Rights in Religious Traditions*, New York 1982.
Mohamed Talbi, *Religionsfreiheit – Recht des Menschen oder Berufung des Menschen?*, in: Johannes Schwartländer (Hg.), *Freiheit der Religion. Christentum und Islam unter dem Anspruch der Menschenrechte*, Mainz 1993, S. 242–260.
Jeroen Temperman, *Blasphemy, Defamation of Religions and Human Rights Law*, in: Netherlands Quaterly of Human Rights 26 (2008), S. 485–516.
Christian Thies (Hg.), *Der Wert der Menschenwürde*, Paderborn 2009.
Paul Tiedemann, *Was ist Menschenwürde? Eine Einführung*, Darmstadt 2006.
Rainer Trapp, *Folter oder selbstverschuldete Rettungsbefragung?*, Paderborn 2006.
Ernst Troeltsch, *Die Soziallehren der christlichen Kirchen und Gruppen*, Tübingen 1912.
Wolfgang Vögele, *Christliche Elemente in der Begründung von Menschenrechten und Menschenwürde im Kontext der Entstehung der Vereinten Nationen*, in: Hans-Richard Reuter (Hg.): *Ethik der Menschenrechte. Zum Streit um die Universalität einer Idee*, Bd. 1, Tübingen 1999, S. 103–133.
Wolfgang Vögele, *Die christliche Deutung der Menschenwürde im Kontext gegenwärtiger Debatten*, in: Christian Thies (Hg.), *Der Wert der Menschenwürde*, Paderborn 2009, S. 63–74.
Christian Walter, *Menschenwürde im nationalen Recht, Europarecht und Völkerrecht*, in: Petra Bahr / Hans Michael Heinig (Hg.), *Men-*

schenwürde in der säkularen Verfassungsordnung, Tübingen 2006, S. 127–148.

Hans Welzel, *Naturrecht und materiale Gerechtigkeit,* Göttingen 1962.

Claus Westermann, *Das Alte Testament und die Menschenrechte,* in: Jörg Baur (Hg.), *Zum Thema Menschenrechte. Theologische Versuche und Entwürfe,* Stuttgart 1977, S. 5–18.

Franz-Josef Wetz, *Menschenwürde als Opium fürs Volk,* in: Matthias Kettner (Hg.), *Biomedizin und Menschenwürde,* Frankfurt a. M. 2004, S. 221–248.

Franz Josef Wetz, *Illusion Menschenwürde. Aufstieg und Fall eines Grundwerts,* Stuttgart 2005.

Rotraud Wielandt, *Menschenwürde und Freiheit in der Reflexion zeitgenössischer muslimischer Denker,* in: Johannes Schwartländer (Hg.), *Freiheit der Religion. Christentum und Islam unter dem Anspruch der Menschenrechte,* Mainz 1993, S. 179–209.

Joachim Willems, *Die Russisch-Orthodoxe Kirche und die Menschenrechte,* in: Jahrbuch Menschenrechte 2009. Schwerpunkt: Religionsfreiheit, Wien 2008, S. 152–165.

Dietmar Willoweit, *Die Veräußerung der Freiheit. Über den Unterschied von Rechtsdenken und Menschenrechtsdenken,* in: Heiner Bielefeldt u. a. (Hg.), *Würde und Recht des Menschen.* Festschrift für Johannes Schwartländer, Würzburg 1992, S. 255–268.

Michael Windfuhr, *Freiwillige Leitlinien zum Recht auf Nahrung. Bedeutung, Reichweite und Chancen des neuen Rechtsinstruments,* in: Jahrbuch Menschenrechte 2006, Frankfurt a. M. 2005, S. 227–235.

Allan W. Wood, *Kant's Ethical Thought,* Cambridge 1999.